アカデミック・スキルズ ハンドブック

―できる大学生になるために―

佐野　仁志／宮武　久佳

協力　芳野　明／岩﨑　陽子

EIHŌSHA

はじめに

　プレゼンテーションの仕方やレポートや論文の書き方を指導する教科書は、近年種々出版されてきました。本書もそうした教科書ではあるのですが、コンセプトが他の教科書と異なります。"できる"社会人になるためには"できる"大学生になる必要があると考え、大学で必要とされるいわゆる"アカデミック・スキル"の養成だけでなく、"できる"社会人に必要なスキルの習得も目標に掲げました。"できる"とは、社会で必要とされる常識や知識を持ち、効率的に仕事をこなす能力と多くの情報から信用に足るものを選び、思考し、自身の見解をまとめ、それを発信する能力を併せ持つことであると考えています。

　そのため、本書の構成はまず「大学生になるということとは？」という問いかけから始まります。続いて、聴く、書く、話す、読む、調べるなどのアカデミック・スキルの養成に加えて、考える、整理する、発信するといった社会で活躍するためのソーシャル・スキルの養成から成っています。最後には、時間や感情や体調の管理の仕方を加えています。心身ともに健康な生活を送る習慣を大学生の間に身に付ける必要があるからです。

　本書の教材は、学生の知的好奇心を刺激し、受動的な学びから能動的な学びへと移行するように精選されています。また、各セクションではエクササイズが用意されていて、ペアレッスンやグループワークを通して、学んだことを実践するだけでなく、コミュニケーション力を高めることができるように配慮されています。そして、さらに好奇心から探究心を芽生えさせ、学生自らが調査し、研究資料にあたり、思考したことを文章にまとめ、それを発信できるようになることが到達点となります。そうした能動的な学び、知的におもしろいと感じることができれば、大学を卒業し、社会に出てからも、継続して学び続け、「できる社会人」になれると考える次第です。

アカデミック・スキルズ ハンドブック
―できる大学生になるために―

=== 目 次 ===

大学生になるということ

　大学は学生が主体的に学ぶところです。高校では時間割が決められており、自分の意思で選択できるのは、芸術関連か体育の授業くらいでしょう。ところが、大学では必修科目を別とすれば、基本的に科目の選択は学生に委ねられます。どんな授業を履修するか、何科目取るか、日曜日以外の休みを何日設定するかなどを決めることができるのです。また、大学では、高校のように教えられた内容を記憶することに重きが置かれることはありません。大学の講義科目では、その講義内容を理解し、覚えることだけが要求されるわけではありません。通常は講義内容に関連したトピックの中から学生がテーマを設定し、資料を収集し、それをまとめる過程で論理的思考を重ねることが要求されます。時には口頭で、時には数千字に及ぶ文書で発表することも求められます。

　大学は「社会人」としての基礎を作り上げるところでもあります。「社会人」とは社会の一員としての個人であり、また実社会で活動する人です。大学は勉学し、クラブ活動をする機会を与える場を提供するだけでなく、社会で自由に活動する時間も与えてくれます。アルバイトやボランティア活動などを通して、社会で働く人たちと交わる機会が増えます。

　大学生になるということは、同時に責任ある「成人」になることでもあります。さまざまな売買契約を結んだり、投資活動をしたりして、社会の一員として経済活動に参加することもあるでしょう。その際、民法や商法の知識も必要になるでしょう。

　「社会人」として、また「成人」として充実した生活を送れるよう、大学で大量の知識を吸収し、それを考察し、文書化し、発表できるスキルを身に付けましょう。

① 大学生と学業

　日本の大学は、入るのが難しく、出るのが簡単だと言われます。しかし、社会人になる際には、どの大学を出たかより、大学で何を学んだかが重要になります。実際、新卒採用時に出身大学を問わない企業が増えてきています。

　大学では必修科目と選択科目があります。科目を選択する際、単位が取りやすいかどうかを判断基準にするのは、考えものです。

　学部によっては専門的な資格を得ることが可能です。法学部であれば、司法書士、行政書士、弁護士、商学部であれば、公認会計士、税理士などを目指すことができます。

　そうした資格取得を目指さなくても、卒業時にどのような知識と思考法を身に付けているかをイメージして科目を選択すべきでしょう。その際、重要になってくるのは、各授業のシラバスです。シラバスに記載されている授業内容や課題、評価方法などを熟読したう

えで、選択しましょう。

② 大学生と労働

　高校生のときからアルバイトを始めた人もいることでしょうが、大学生になると携わることができるアルバイトの種類が増え、労働時間も増えることでしょう。また、インターンシップ制度を利用して、在学中に企業や公共施設などで実習生として一定期間働く機会もあるでしょう。

　大学によっては、ボランティア活動をすることによって、単位を修得できるカリキュラムがあります。これによって地域社会に貢献することができます。

　在学中に働くことによって、自分にあった仕事は何か、どのような労働形態が自分には向いているのかを知ることができます。

③ 大学生と経済・法律

　日本では 2022 年 4 月 1 日から 140 年ぶりに成人年齢が 20 歳から 18 歳に引き下げられます。その結果、大学に在籍する学生はみな成人となり、さまざまな領域において「社会人」として責任を果たすことが求められます。

　成人になると、たとえば、次のようなことが親の同意なしにできるようになります。

・ローンを組む
・携帯電話やクレジットカードの契約
・民事裁判を起こす
・公認会計士や行政書士などの各資格取得
・社会福祉主事などになる
・民生委員と人権擁護委員の資格取得
・10 年パスポートの取得
・外国人の帰化
・性別変更の審判請求

　今までなら、怪しげな商法にひっかかり物品購入契約をしても、親権者の同意がないことを理由に契約を解除することができました。ところが、18 歳で成人になるとそうは行きません。関連する商取引のルールや法律の知識を得ておくことが必要になります。

聴く

　大学での授業やクラブ・サークル活動で、また学外でのボランティア活動やアルバイトなどで、学生に求められる能力はコミュニケーション力だと言えます。そして、社会人に求められる能力もコミュニケーション力です。そのコミュニケーション力の中でも一番大切な能力が聴く力です。さて質問です。

　"listen" と "hear" の違いを説明できるでしょうか。

　答え：

　"listen" は「聴く」で、"hear" は「聞こえる」です。

　つまり、聴くことは能動的な行為であり、聞こえることは受動的行為です。また、聴くという行為は、コミュニケーションの根本です。

① アクティブ・リスニング

1）アクティブ・リスニングとは

　アクティブ・リスニングは共感的態度で傾聴することです。「聞きたいこと」を「聞く」のではなく、「相手が伝えたいと願っていること」を「聴く」ことです。

　また、なんらかの理由で聞き取りにくい場合は、相手に「大きな声で話してください」とか「明瞭に発話してください」という前に、まず、こちらから聞き取ろうという努力をするようにしてください。相手の人にとってはこのような要望にすぐに応えられないことがあるからです。

2）アクティブ・リスニングの効果

　アクティブ・リスニングでは聴き手が集中力を高めていますから、聴いた内容をしっかり把握することができるという効果があります。

　しかし、アクティブ・リスニングの本当の効果は話し手にあると言えます。なぜなら、話し手は相手が理想的な聴き手であるため、普段なら話すのをためらうことでもすらすら話せたり、まとまりがない内容が整理されたりして、いつのまにか自分自身が納得して話すことができるからです。

3）アクティブ・リスニングの仕方

　　聴き手の表情：話し手がリラックスできるよう聴き手がまずリラックして、穏やかな表情をしてください。

視線：視線は話し手の目に向けることが勧められますが、人によっては見つめ
　　　られると緊張する人もいます。そのような場合は同じ方向を向くように
　　　座るといいでしょう。

手と腕：手で頬杖をついたり、腕を組んだりしてはいけません。これはつまらな
　　　い話を聞いてやるという姿勢です。自分の膝の上に置くのがよいでしょ
　　　う。

相槌：必要に応じて、「そうか、なるほど」とか「わかる」など同意している
　　　意思を伝えましょう。あるいは「それで、それで」とか「それからどう
　　　なったの」とか言い、話の進展を促しましょう。またときにはうなずく
　　　だけでもいいでしょう。

確認：内容を正しく理解しているかどうか、聴き返したり、内容を整理したり
　　　して、確認しましょう。

● エクササイズ1　　グループレッスン

4、5人のグループを作り、ひとりずつ自己紹介をしてください。その際、失敗談を付け
加えるようにしてください。失敗談を付け加えると親しみを与えやすくなります。アクテ
ィブ・リスニングをして、話し手の人柄を引き出せるように、たくさん話ができるように
してあげてください。アクティブ・リスニングの効果がはっきりするよう、ひとりだけ携
帯をみたり、きょろきょろしたりして、全く聴く態度を取らないようにしてみてくださ
い。ひとりでも聴いてくれない人がいると話しづらいものです。また、人の話を聴こうと
しない人の心理も考えてみてください。本当に関心がないから聴こうとしないのか、会話
の輪に入れないから携帯を見たり、よそを見たりするのか、等々です。

● エクササイズ2　　ペアレッスン

ペアを組み、次のトピックのうち一つないし二つを選んで、話し手、聴き手に別れ、聴き
手はアクティブ・リスニングをしてみましょう。

トピック　　　・高校の時の一番の思い出は？
　　　　　　　・どうしてこの大学を選んだのですか？
　　　　　　　・ひとりでいるときは何をしていますか？
　　　　　　　・一番楽しい思い出は？
　　　　　　　・一番悲しい思い出は？
　　　　　　　・将来の夢は？

● エクササイズ3

講義科目の授業中、なるべく一番前の席に座り、アクティブ・リスニングをしてみてくだ
さい。みなさんご存知でしたか？ほとんどの大学の教員は教育実習を受けていません。採
用時には研究業績が審査されますが、授業のうまい下手が審査されることはほとんどあり
ません。ですから、講義が下手で話すのが苦手な教員もいるのです。そのような教員の前
でアクティブ・リスニング（講義中ですから「なるほど」とか「それで、それで」といっ

た合いの手は適切ではありません）をすると、教員はあなたの方に視線を向けて、講義に熱をいれることでしょう。

② ノートテイキング

1）パッスィヴ・ノートテイキング

目的

- ・整理しながら記録することで、講義内容を把握できる。
- ・疑問点を挙げられ、そこから新たな探究が始められる。
- ・集中力を高めて、聴くことができる。

タイプ別ノートテイキング

① **プレゼンテーション・スライド提示タイプ**

- ・プレゼンテーションのスライドをすべて縮小して印刷し、配布してくれるのなら、ノートをとる必要はない。自分自身が重要だと思ったことをマーカーなどで下線を引いたり、自分のことばで要約したりするだけでよい。
- ・画面提示だけの場合は、各スライドの見出し、要点をノートする。

② **ハンドアウト（レジュメ）配布タイプ**

- ・ハンドアウトには要点がまとめられているため、補足事項や疑問点などを配布されたものに記入する。

③ **板書タイプ**

- ・すべてを書き写す必要はない。講義内容の筋道がわかるよう項目を立て、その項目の説明内容をまとめるようにしてノートをとる。

④ **講演タイプ**

- ・キーワードを見つける。講義内容の展開がわかるようキーワードを関連づける。同時に専門用語や難解な表現を別欄に記入し、自分で調べられるものは後で調べ、そうでないものは直接教員に質問する。

2）アクティヴ・ノートテイキング

目的

- ・講義内容を人に伝えられるようにする。
- ・自分自身のことばで要約することによって、理解を深める。
- ・疑問点を明らかにし、それを究明する。

目的別ノートテイキング

① **伝達タイプ**

　伝えたり、教えたりすることを前提に講義を聴くと、自分ならどのように講義するかを考える必要性が生じます。すると実際の講義では説明が不十分なところや論理の飛躍があるところなどがわかってきます。そこを教員に質問したり、自分で調

べたりすることで内容の理解が深まります。

② **要約タイプ**

　　教員が用いることばをそのままメモするだけでは十分理解できていないことがあります。専門用語を含め、教員が用いたことばを自分のことばで置き換えることによって、内容を咀嚼し、記憶に留めやすくなります。

③ **疑問究明タイプ**

　　事実関係をメモするのではなく、なぜその事実が起こったのか、その影響はどのようなものだったのかを考え、それを究明すべく、教員に質問したり、自分で調べたりします。それによってはじめて学問の探究が始まるのです。

● **エクササイズ4**

インターネットに接続し、右下の QR コードを読み取り、「教養はなぜ必要か」というミニ講義を聞いて、以下の空欄を埋めてノートを完成させましょう。

教養はなぜ必要か

1. 教養とは？

・教養の意味

　　人格に結びついた知識や行いのこと。種々の学問や、芸術および精神修養などの教育、文化的諸活動を通して、物事に対する理解力や創造力を高め、品位や人格の形成に資するもの。

・語源

ギリシア語：パイデイア＝「子供が教育係に指導されて身につけたもの」

英語：（　　　　　　　　）＝「粗野な状態から耕された、人の手を経たもの」

ドイツ語：（　　　　　　　　　）＝　「つくりあげるもの」

・歴史

古代ギリシア　―　奴隷でない自由人が、哲学を学ぶための準備として文芸や幾何学などを学ぶ。

5、6 世紀には宗教、哲学を学ぶために、リベラル・アーツ、自由七科（文法・修辞学・論理学、算術・幾何学・天文学・音楽）が体系化される。

13 世紀以降の西欧　―　大学でリベラル・アーツが教授される。

今日　―　人文科学・社会科学・自然科学から成る一般教育、（　　　　　　　　　　）が

行なわれる。

2. 教養は虚学か?

・（　　　　　　　　）：実践、実利の学問、科学、法律学、医学、経済学、工学の類。
・（　　　　　　　　）：実学の反対、空理、空論。
・現在は（　　　　　）の時代：科学の進歩、経済の効率化によって、物質的豊かさを追
　　　求する時代。個人はよりよい生活を求めて、競争し、勝利を収めるために、より
　　　よい大学で学位を取得し、実利が見込める資格を修得する。
・（　　　　　）の時代が到来：高度な知識や経験を必要とする仕事を（　　　　　）が担う。
・（　　　　　）にはないもの＝（　　　　）→人間性を育成する教養が必要。

3. 教養の必要性

・人格を育成する。
・（　　　　　　　　　　　　）
・（　　　　　　　　　　　　）

● エクササイズ 5

財務省のホームページにある「日本の財政を考える（1）わが国の財政の状況」を視聴
し、ノートを取りながら、なぜ日本は世界最大の財政債務を抱えているのかを理解しましょ
う。

● エクササイズ 6

次のノートの記載事項を指示に従って、アクティヴ・ノートテイキングで書き直してみま
しょう。

バウハウス

歴史

1919 年：ワイマール共和政時期のドイツのワイマールに工芸学校と美術学校を合併して
　　　　「国立バウハウス・ヴァイマール」が設立される。

*1 バウハウスがどのような状況で設立されたのか?

ヒント：第一次世界大戦、機械製造、アーツ・アンド・クラフツ運動

1925 年：ワイマールのバウハウスは閉鎖され、デッサウに移転。
1932 年：デッサウ校が閉鎖され、ベルリンへ移転して私立学校になった。
1933 年：ナチスにより閉校。

*2 なぜナチスはデッサウのバウハウスを閉鎖したのか?

ヒント：反ユダヤ主義、バウハウスで生産される製品が既成の製品と競合

1937 年：モホリ＝ナジがシカゴにニュー・バウハウスを設立する。財政難のため、一年で閉校。
1939 年：シカゴデザイン学校（School of Design Chicago）として再開
1944 年：拡大しデザイン研究所（The Institute of Design）となる。
1949 年：モホリ＝ナジの教育方式が、イリノイ工科大学（IIT）に引き継がれた。
1996 年：建築、土木工学、アート＆デザイン、メディアの四領域を有するバウハウス大学が設立される。

特徴：合理主義的・機能主義的な芸術を指標。
　　　工芸・写真・デザインなどを含む美術と建築に関する総合的な教育を行う。
　　　14 年間の開校期間で現代美術、デザイン、建築などに大きな影響
教員：ヨハネス・イッテン、ワシリー・カンディンスキー、ピエト・モンドリアン、ミース・ファン・デル・ローエ、モホリ＝ナジ他
*3 バウハウスとは要するにどのような学校だったのかを自分のことばでまとめてください。

③ 質問力

1）質問することの意義

・理解していることと理解していないことを明確にすることができる。

　当たり前と思って見過ごしていたことが、実は重要な疑問をはらんでいたということはよくあります。古代から現在に至るまで多くの学者や研究者が取り組んできた疑問もたくさんあります。たとえば、「無とはなにか」、「死後の世界はあるのか」といった疑問は量子物理学や宗教哲学の領域で扱われてきましたし、「デザート用の別腹は存在するのか」とか「キムチを夜食べるとなぜよく眠れるのか」といった雑学に類する疑問も、調べれば答えは得られるものです。知的好奇心を持ち、何でも疑問に思って、探究することが「できる学生」の姿勢だといえるでしょう。

・質問の答えを得て、**納得するか、あるいはさらに疑問を抱き、問題をより深く探究す**る**ことができる。**

　答えは必ずしも一つとは限りません。答えを得て、まずするべきことはその答えが本当に正しいかどうかを疑うことです。他に答えがないかどうか検討することも忘れてはいけません。

・発話内容に関心を持っているということを伝えることができる。

　質問することによって発話内容以上の話を聴きだすことができるときがあります。相手の発話に対して質問することは、相手の発話に関心があることを示す意思表示の一つでもあります。特にプレゼンテーションの時などには、積極的に手を挙げて質問しましょう。

2）問いの選別

・自分で探すことができる問いと学問的問いを選別する。

・個人的問いから普遍的問いへ展開する。

「中国人留学生陳さんはなぜ日本を留学先に選んだのか」という問いを

「中国の若者の日本観・日本人観はどのようなものか」へと展開させて、答えを導きだせるかどうかを考えてみましょう。

● エクササイズ 7

日常的に疑問に思っていることを列挙し、なぜそれを疑問に思うようになったのか、その経緯も書いてみましょう。

● エクササイズ 8

講義科目の授業で、ノートを取りながら、疑問に感じた点を書き、自分では調べることができそうにないことを教員に質問してみましょう。

● エクササイズ 9　　グループレッスン

4、5人のグループを作り、ひとりひとり自分の好きなもの、得意とすることを紹介し、他の人たちはそれぞれ発話者に質問し、さらに興味深い話を聴きだしましょう。

● エクササイズ 10　　クラスレッスン

プレゼンテーション中に質問事項を考え、終了後、プレゼンテーションの内容を評価した上で、質問してみましょう。

書く【基本編】

① 日本語表現の基本ルール

1）句読点

「。」が句点であり、「、」が読点（とうてん）。

ともに一文字分のスペースを要します。ただし、原稿用紙で書く場合、句点を行頭のます目に打たざるをえないときには、行末最後の文字のます目に打ちます。

句点をどこで打つかを迷うことはまずないと思いますが、いくつか注意すべき点を挙げておきましょう。

原則1　文章の最後にカッコを使うときには、カッコの後に句点を打つ
　　例）江戸時代後期の文化文政時代に江戸を中心として発展した町人文化が最盛期を迎えた（町人文化の広義の定義では、18世紀後半から19世紀前半の期間を含む場合がある）。

　　　　ただし、参照元や筆者などを引用文の後に記載するときは、カッコの前に句点を打つこともあります。
　　例）「他人と違っていれば、孤独になることは避けられない。」（オルダス・ハクスリー）

原則2　感嘆符や疑問符の後ろには句点は打たない
　　×例）びっくりした！。　元気でしたか？。
　　　　本来、フォーマルな日本語表記に感嘆符や疑問符を用いることはありません。

打ち方が難しいのは読点です。次に四つの読点に関する原則を示します。

原則1　長い修飾句が二つ以上続くときには、その境に読点を打つ。
　　（例）私は次第に焦りをおぼえ始め、隣の席で一心に鉛筆を走らせる受験生に目をやると、ますます焦りは募るばかりであった。

原則2　語句を列挙するときに、読点を打つ。
　　（例）広義の表現主義は反印象主義的な芸術運動であり、セザンヌ、ゴッホ、ゴーギャンらがその一翼を担った。また、狭義の表現主義は、ドイツ的なもの、

北方的なもの、精神的なもの、つまり、太古のドイツ人に受け継がれてきた精神と魂の発露である。「ブリュッケ」の画家たち、「青騎士」のカンディンスキー、マルク、さらにはノルデ、バルラッハなどがその代表である。

原則3　修飾関係を明瞭にする必要があるときに、読点を打つ。
　　（例）保育士が、泥まみれになって逃げる園児を追いかける。
　　　　　（泥まみれになって逃げる園児を保育士が追いかける。）

原則4　筆者の思いに従って読点を打つ。ただし、読点を打ちすぎると文の流れが悪くなり、読みにくくなるので注意が必要。
　　（例）今朝、アルジャーノンが、死んだ。（今朝アルジャーノンが死んだ。）

● エクササイズ1
次の文章に読点を打ちましょう。

1）アラスカの一グループはさまざまな部位の刺激が学習能力に著しい進展をもたらすことを示しニュージーランドの一グループは知覚と刺激の持続力をコントロールする脳の各部位を図示した。
（『アルジャーノンに花束を』より）

2）その晩から数日間私は心理学のテキストに没頭した。臨床人格精神測定学学習実験心理学動物心理学生理心理学行動主義派ゲシュタルト派分析派機能派力学派有機体派等々の古（いにしえ）から近代に至る党派学派思想体系。
（『アルジャーノンに花束を』）

3）奈津子が泣きながら喫茶店を飛び出した春美の後を追いかけた。

② その他の日本語の表記の標準ルール

① 代名詞、連体詞、接続詞、感動詞、助詞、助動詞・補助用言、形式名詞は、ひらがなを主体とし、副詞はひらがな書き
・代名詞
　われ、われわれ、あなた、だれ、これ、どこ、そこ
　漢字：　私、君、彼、彼女、自分、何
・連体詞
　ある、この、その、わが
・接続詞
　あるいは、かつ、しかし、ただし、なお、ならびに、また、または、および
・感動詞

ああ、おや

・助詞

ぐらい、こと、ずつ、ところ、など、まで

・助動詞・補助用言

ようだ・ようです、…という、…である、…でない、…してあげる、…していく、

…してくる・なってくる、…にすぎない、…になる、…かもしれない

…してみる・…とみられる、…にあたって、…してください

・形式名詞

こと、とき、ところ、うち、もの、わけ、ため

・副詞

あらかじめ、いつか、おおむね、さらに、すでに、ぜひ、ちょうど、どこか、

なぜ、なるほど、ほとんど、

ますます、いろいろ、さまざま

② 接頭語、接尾語は原則としてひらがな書き

・接頭語・接尾語

お菓子、ご結婚、○○など、○○ら、○○たち、○○ぶり

③ 漢字本来の意味がずれて使われる語は、ひらがな書き

④ あて字に類するものは、原則としてひらがな書き

⑤ コロン（：）は、文中の強い区切りの符号

コロンに続いて書く内容は、そこまでに書いたことの詳細、あるいは要約または説明であることを示します。一口にいえば「すなわち」と同じです。

⑥ なかぐろ、あるいは中てん（・）は、並列、並列連結を表す

例：図・表の使い方。

外来語をカナ書きする場合に語の切れ目を示すのにも使われます。

例：イングリッシュ・コンポジション

⑦ ダッシュ（—）は、形式ばる必要がない場合のコロンやカッコの代わり

挿入節（句、語）を二つのダッシュではさんで使うこともあります。

⑧ リーダー（・・・）は、「以下省略」をあらわす記号

日本語の場合、6個点を打ちます。

⑨ カッコにはいろいろな種類がある

ふつうに使われるものとして丸カッコ（パーレン）（　）、角カッコあるいはブラケット［　］、ブレース｛　｝、カギカッコ「　」、二重カギカッコ『　』、ギュメ〈　〉、クォーテーション・マーク“　”、‘　’があります。カギカッコは、会話の文をはさむことと、他の文章または文からの引用に用います。また、ある一つの考え、観念をはっきり浮き立たせて書くのに使うこともあります。

二重カギカッコは、書名を引用するときに『国語辞典』のように使います。また、カギカッコの中に、さらにカギカッコを入れたいとき、後者を二重カギカッコにします（「■■■『■■■■■』■■■」）。

二重ギュメ《　》は美術作品名を表記するときに用います。

例）ピカソの《ゲルニカ》

⑩ 数字は、1桁のみのときは全角で、複数桁の場合には半角で表記

　　ただし、データとして扱われる表では、1桁でも半角です。

　　例）7月の図書貸し出し冊数：一般図書 376、雑誌 1472、図録 9

　　　　3桁ごとの区切りはカンマ（,）。小数点はピリオド（.）。

　　例）12,000 円　塩分濃度 0.5%

⑪ 日付は 2007/5/30 のように年月日を（/）または 2007.5.30 と（.）で区切る

⑫ 時刻は、コロンで区切る

　　例）22：21：07

⑬ カタカナは全角

　　ただし、表組みなどの場合は例外として、半角カナを認めることがあります。

● エクササイズ 2

次の文中の間違いを訂正しましょう。

1) コンピューターは今日の我々の社会に於けるコミュニケーションに必要不可欠なツールとなっている。

2) 御結婚祝いにいただいた御菓子は本当に美味しかったです。

3) 5年振りに帰国してみると、子供達の成長が著しく、目を見張るばかりであった。

4) そう言うきみは彼女がどうしてあんな風になって来たのか知っているのか。

5) シンポジウムのまえに、私達が予め打ち合わせした事をパネリストに伝えなければ行けません。

③ 読みやすい文を書く

1）重要なことを最初に書く

　説明的なことや周辺的なことを先に書き、そのあとに主張したいことや中心的なことを書くと、読み手は何が重要であるのか、書き手は何を主張したいのかがわからなくなる恐れが生じます。

　重要なことは最初に書くようにしましょう。

　×例）私は中学、高校と吹奏楽部に所属し、中学ではトランペットを高校ではトロンボーンを担当していました。演奏会のときに頑張りすぎて大きな音を出しすぎるとトランペットやトロンボーンの音だけが強調されすぎて、調和を乱してしまいます。いい演奏をするためには指揮者のタクトをよく見て、みんなの演奏をよく聞かなければなりません。私はこのようなクラブ活動の経験から、調和すること、協調することの大切さを学びました。私の長所はみんなと調和し、協調することです。

　○例）私の長所は周囲の人たちと調和し、協調することです。私は中学、高校と吹奏楽

部に所属し、良い演奏をするためには、周囲と調和し、協調することの大切さを学びました。

●エクササイズ 3

自分の長所をまず述べて、そのあとにその長所をどのようにして習得したかを 3 文から 5 文程度で書きましょう。

_____

_____

_____

_____

_____

_____

2）無駄な要素を削ぎ落して書く

　読み手にとって理解しやすい文章を書くためには、無駄な要素を削ぎ落し、大切な内容を簡潔に表現するように心がけましょう。

　×例）あなたの性格はどのようなものですかと尋ねられるとき、私はいつも困惑してしまう。自分では平凡な人間だと思っているが、ある友人に言わせると普通の人とは異なったものの見方をするという。また、別の友人に言わせると、私は相当マイペースで周囲からどのように見られようと意に介していないらしい。自分ではあまり意識したことはないが、友人からそういわれるとそうなのかもしれないと思うこともある。

　○例）私はマイペースで普通の人とは異なったものの見方をするようである。

●エクササイズ 4

自分の性格を簡潔に述べてみましょう。

_____

_____

_____

_____

_____

●エクササイズ 5

次の文章を一切の修飾を削り取った断定的な文にしましょう。

　私はよく人から A 型でしょうと言われるが、O 型で、どちらかというと大雑把な方かもしれない。血液型と性格との間にどれだけ関連性があるのか知らないが、そう言われる

と自分自身でも意外な気がする。もっとも几帳面なところが全くないわけではないが。

_____

_____

_____

_____

_____

_____

3）文を短く、簡潔にする

　文が長くなればなるほど、わかりにくくなり、文法的なあやまりも起こしやすくなります。不要な接続詞「が」や複雑な構文を用いず、一文を短くするようにしましょう。また、主語と述語が離れすぎていると、理解しにくくなります。

×例）AIの進歩によって、今後10数年の間にAIにとって代わられる職業が挙げられ、どのような職業につけば、AIに脅かされずに安定した収入が得られるかについて述べている識者がいるが、小説家や作曲家の仕事をこなすAIが登場する現在であるから、人間が就ける将来も安定した職業などだれも予想できないであろう。しかし、確実に言えることは、AIは人生の楽しみを感じることはできないのであるから、ユーチューバーに代表される仕事のように、人生を楽しんでいることをなんらかの方法で発信して収入を得る仕事はAIにとって代わられることはないだろう。

○例）AIの進歩が著しい。今後10数年の間にほとんどの職業がAIにとって代わられるだろうと予測する識者もいる。小説家や作曲家のような創造的な仕事も例外ではない。しかし、AIは人生の楽しみを感じることはできない。人生を楽しんでいることをなんらかの方法で発信して収入を得ればよいのである。そうした仕事は、AIにとって代わられることはないだろう。ユーチューバーがその好例である。

● エクササイズ6

不要な接続詞を取り、簡潔な文にしてみましょう。
1）去年は雨がたくさん降って蒸し暑かったが、今年は雨が少なくカラッとした日が多い。
2）観光シーズンになれば、京都は観光客でごった返すが、奈良はそれほどでもない。
3）京都には古い寺や神社がたくさんあるが、それは都の鬼門に位置する場所に鬼よけのために建てられたのだ。

● エクササイズ7

主語と述語を近づけ、読みやすい文にしてみましょう。

1）私が昨日下宿に帰ったら、母親が部屋にあがりこんでそうじをしていたから、勝手に人の部屋に入り込まないで、それに来るなら来ると連絡してときつい調子で言った。

2）私の両親は、私がユーチューバーとしてのキャリアを積むため、大学を休学して世界一周旅行に出るつもりだと言ったら、猛反対した。

3）首相は 25 日の通常国会で野党議員が消費税の増税案に反対したのに対して、今消費税を上げなければ財政破綻は避けられないことを熱弁した。

④ パラグラフ・ライティング

1）パラグラフとは

　段落のことです。文章の一区切りで、ある一つの話題についての、あるいはある一つの考えについての、内容的に結びつきのある文のまとまりを言います。

2）パラグラフ・ライティングで重要なこと

・一つの話題・考えを明確にする。
・一つの話題・考えを含む文（トピックセンテンス）をなるべくパラグラフの最初に書く。
・一つの話題・考えと関係のないことは一切書かない。
・パラグラフを構成する文が互いにどのように結びついているか明確にする。

● エクササイズ 8

次のパラグラフの中で、トピックセンテンスを探し、下線を引きましょう。またトピックと関係のない文を探し、消去線を引きましょう。

　　大学でまずやってみたいことは運動系のサークルに入ることである。高校のときにはテニス部に入っていたが、早朝から日暮れまでテニスの練習ばかりで、バイトはもちろん、友人と遊ぶことさえできなかった。サークルなら、クラブほど練習は厳しくないはずで、自由な時間を確保できるだろう。サークル活動を通して、友だちを作り、楽しい学生生活を送りたいと思っている。また、空いた時間にはアルバイトをして、お小遣い分ぐらいは自分で稼ごうと考えている。

● エクササイズ 9

「大学で学びたいこと」あるいは「大学在学中に経験したいこと」を一つのパラグラフで書きましょう。

タイトル _____

_____
_____
_____
_____
_____
_____
_____
_____
_____
_____
_____
_____
_____
_____
_____

● エクササイズ 10

エントリーシートを書いてみましょう。

エントリーシートは就職活動時に書くものですが、あえて今書いてみましょう。まずはエントリーシートでよくある設問である、あなたの長所と短所について書いてみましょう。長所については、これから長所にしたいと思うことを書いてください。大学在学中になりたいと思う自分を作り上げる目標とするのです。

私の長所

_____
_____
_____
_____
_____
_____
_____
_____
_____
_____

_____

_____

_____

_____

_____

_____

次はあなたの短所について書いてみましょう。ここではありのままの自分の短所を書いて
ください。自分の短所を認識して、大学在学中にその短所を克服してください。就職時に
書くエントリーシートでは短所についての記述を過去形にして、現在では克服したと書け
るようにしてください。

私の短所

_____

_____

_____

_____

_____

_____

_____

_____

_____

_____

_____

_____

ワンポイント・アドバイス

　長所を伸ばしたり、短所を克服したりする良い方法はロールモデルを設定することで
す。

　こうなりたいと思う人を探してください。あるいは、ああはなりたくないと思う人を反
面教師として探してください。もし周りにいなければ、テレビや映画、あるいは小説や漫
画の登場人物をロールモデルとして設定してもいいでしょう。自分がなりたい、あるいは

なりたくない人をロールモデルに設定し、その言動を模倣したり、反面教師のロールモデルの反対の言動をとったりしてください。こうしたことを繰り返すうちに、理想とする自分になることができるでしょう。

話す

「話す」という能力はコミュニケーション力を構成する重要な要素です。

経団連の調査では、企業が選考する際に重視するのは、10数年間連続してコミュニケーション力です。

① 明瞭に発話する

1）発声法

発話する場合、何より大切なことは、自分の発話内容が相手にしっかり届くということです。複数の聴き手にマイクなしで発話する場合もあると思います。そのようなときに、次のエクササイズを毎日のように繰り返しましょう。明瞭に発声するよう心がけましょう。

● エクササイズ 1

腹式呼吸でゆっくり呼吸を3回繰り返した後、できるだけ長く、「あ」を発声し続けてください。クラスの中でだれが一番長く、声を出し続けることができるか競争してみましょう。

● エクササイズ 2

大きな声で活舌よく発声しましょう。

☆注意点：まず、背筋を伸ばしましょう。口を大きく開けて、一音ずつはっきりと発声しましょう。

あえいうえおあお	がげぎぐげごがご
かけきくけこかこ	ざぜじずぜぞざぞ
させしすせそさそ	だでぢづでどだど
たてちつてとたと	ばべびぶべぼばぼ
なねにぬねのなの	ぱぺぴぷぺぽぱぽ
はへひふへほはほ	
まめみむめももまも	
やえいゆえよやよ	
られりるれろらろ	
わえいうえおわお	

● エクササイズ3

次のことばを早口で3回言ってみましょう。

老若男女　東京特許許可局　高架橋橋脚　骨粗鬆症訴訟勝訴　アンドロメダ座だぞ

● エクササイズ4

次の詩は高村光太郎の「道程」です。明確に発音することを意識して音読してみましょう。

　　　　　　僕の前に道はない
　　　　　　僕の後ろに道は出来る
　　　　　　ああ、自然よ
　　　　　　父よ
　　　　　　僕を一人立ちさせた広大な父よ
　　　　　　僕から目を離さないで守る事をせよ
　　　　　　常に父の気魄（きはく）を僕に充たせよ
　　　　　　この遠い道程のため
　　　　　　この遠い道程のため

● エクササイズ5

次のエッセイを音読しましょう。

山路を登りながら、こう考えた。
智に働けば角が立つ。
情に棹させば流される。
意地を通せば窮屈だ。
とかくに人の世は住みにくい。
住みにくさが高じると、安い所へ引き越したくなる。
どこへ越しても住みにくいと悟った時、詩が生れて、画が出来る。
人の世を作ったものは神でもなければ鬼でもない。
やはり向う三軒両隣りにちらちらするただの人である。
ただの人が作った人の世が住みにくいからとて、越す国はあるまい。
あれば人でなしの国へ行くばかりだ。
人でなしの国は人の世よりもなお住みにくかろう。
越す事のならぬ世が住みにくければ、住みにくい所をどれほどか、寛容（くつろげ）て、
束の間の命を、束の間でも住みよくせねばならぬ。
ここに詩人という天職が出来て、ここに画家という使命が降る。
あらゆる芸術の士は人の世を長閑（のどか）にし、人の心を豊かにするが故に尊とい。

　　　　　　　　　　　　　　　　　　　　　夏目漱石『草枕』より

② 敬語を使って話す

1）敬語はなぜ必要？

　大学生になるとコミュニケーションを図る相手として、家族や友人だけでなく、アルバイト先の上司や顧客、就職活動時の面接担当者など初対面で年上の人が増えてくると思います。このような相手とのコミュニケーションには敬語が使われます。さまざまな場面で正しい敬語を用いてコミュニケーションを図ることが求められています。

　常識ある社会人として、敬語を正しくつかい、円滑なコミュニケーションを図りましょう。

2）敬語って何？

　敬語には、尊敬語、謙譲語、丁寧語の三つがあります。

　① 尊敬語は相手側の言動を話すときに使うことば

　　気づかう人の行動や状態を表すときに用い、相手を高めることで、敬意を表します。

　「本を見る？」→　「本をごらんになりますか」

　☆注意点：ものが主語のときには尊敬語や謙譲語は用いません。

　「髪が傷んでいらっしゃる」→　「髪が傷んでいます」

　② 謙譲語は自分側の言動を話すときに使うことば

　　自分や身内のものやその動作を謙遜して言うことで、相対的に相手を高めて敬意を表します。

　「本を見る」→　「本を拝見する」

　☆注意点：尊敬語と謙譲語を混同してはいけません。

　「本をごらんにならせていただきます」→

　「本を拝見させていただきます」「本を拝見します」

　③ 丁寧語は相手に関係なく使うていねいなことばづかいで、結果的に気づかう人に敬意を表します。

　「本を見る」→　「本を見ます」

3）敬語として使われる動詞

基本語	尊敬語	謙譲語
会う	お会いになる・会われる	お目にかかる
ある	いらっしゃる	です・ございます
与える	くださる	さしあげる
言う	おっしゃる	申し上げる
行く	おいでになる・いらっしゃる	参ります・伺う
聞く	お聞きになる・聞かれる	伺う・承る・拝聴する
着る	おめしになる	着させていただく

来る	来られる・いらっしゃる	参ります
する	される・なさる	いたす
食べる	召し上がる	いただく
寝る	お休みになる	休ませていただく
買う	お買い上げになる	買わせていただく
見る	ごらんになる	拝見する
もらう	お受け取りになる	いただく・頂戴する

4）敬語化する3つのパターン

① 単語の前に「お」あるいは「ご」をつけるパターン

◇　お（ご）＋名詞

例）お考え・お知恵・お知り合い・お疲れ・ご意見・ご報告・ご出発・ご家族

◇　お＋形容詞

例）お忙しい・お美しい

② 単語の後にことばをつけるパターン

◇　動詞　＋　れる・られる

例）通われる・講演される・来られる

◇　動詞　＋（させ）て　＋　くださる・いただく

例）見せてくださる・聞いていただく・報告させていただく・配達していただく

③ 単語の前と後にことばをつけるパターン

◇　お（ご）＋動詞　＋　になる・くださる・です・する＊・いただく・ねがう

例）お話しになる・ご来店になる・ご覧になる・ご紹介くださる・お待ちです・ご到着です・お待ちする＊・ご案内する・拝見する・お教えいただく・ご紹介いただく・お買い上げ願う・ご説明願う（＊敬意を表す相手のために行動するときに使う謙譲語）

5）間違ったファミコン敬語

　ファミリーレストランやコンビニエンスストアではよく間違った敬語を耳にします。その代表例が次の三つです。

① 意味のない過去形

（例）「コーヒーでよろしかったでしょうか」

② 発言をぼかす「の方」

（例）「お支払いの方はクレジットカードですか」

③ 無意味な「から」

（例）1,000円からお預かりします。

● エクササイズ 6

敬語を使って次の文を書き直してみましょう。

1)「甘いもの食べる？」　　→　「　　　　　　　　　　　　　　　　　」
2)「もう帰るの？」　　　　→　「　　　　　　　　　　　　　　　　　」
3)「客が言ってたこと」　　→　「　　　　　　　　　　　　　　　　　」
4)「それ見せてくれる？」　→　「　　　　　　　　　　　　　　　　　」
5)「今行く」　　　　　　　→　「　　　　　　　　　　　　　　　　　」

● エクササイズ 7

敬語を使って次の文章を書き直してみましょう。

1）こないだ先生から借りた本、めっちゃおもしろかったわ。おんなじ作家の本あったら、また貸して。先生、いつ研究室行ったらいい？

_____

_____

2）これなんかどうでしょうね。似合うと思いますけど。一度着てみたら。

_____

_____

3）飲み物のメニューはこっちです。料理の方はその下をみてください。で、なんになさいますか。

_____

_____

● エクササイズ 8

次の敬語の使い方で適切でない箇所に下線を引き、正しい使い方に改めましょう。

1）ご利用いただきまして、誠にありがとうございます。
　　（「ご」＋「いただく」は謙譲語）
2）書類をお送りさせていただきました。（尊敬語と謙譲語の混合）
3）拝見させていただきました。（「拝」は「させていただく」の意味）
4）もうごらんになられましたか。（他の敬語動詞と合わせてつかわない）
5）明日はご自宅にいらっしゃられますか。（他の敬語動詞と合わせてつかわない）

● エクササイズ 9

ファミリーレストランやコンビニエンスストアでよく使われる間違った敬語を正しく言い換えてみましょう。

1)「暖かいものとつめたいもの、袋は別の方がよろしかったでしょうか？」
　　→「　　　　　　　　　　　　　　　　　　　　　　　　　　」

2)「予約の方はされていますか？」
　→「　　　　　　　　　　　　　　　　　　　　　　　　　　」
3)「1万円からお預かりします。」
　→「　　　　　　　　　　　　　　　　　　　　　　　　　　」

● エクササイズ 10

アルバイト先でよく使われる表現をていねいなことばに変えましょう。
　1)「なんでしょうか。」　　　　　　　→　「　　　　　　　　　　　　　　」
　2)「えっ、もう一度言ってください。」　→　「　　　　　　　　　　　　」
　3)「わかりました。」　　　　　　　　→　「　　　　　　　　　　　　」
　4)「ちょっと待ってください。」　　　→　「　　　　　　　　　　　　」
　5)「いま、見てきます。」　　　　　　→　「　　　　　　　　　　　　」
　6)「いま、すぐ来ます。」　　　　　　→　「　　　　　　　　　　　　」
　7)「すみませんが、」　　　　　　　　→　「　　　　　　　　　　　　」
　8)「ありません。」　　　　　　　　　→　「　　　　　　　　　　　　」
　9)「どうもすみません。」　　　　　　→　「　　　　　　　　　　　　」
　10)「わかりません。」　　　　　　　　→　「　　　　　　　　　　　　」
　11)「いいですか。」　　　　　　　　　→　「　　　　　　　　　　　　」

● エクササイズ 11

敬語を用いて自己紹介、他己紹介をしましょう。

③ 要領よく話す

　まず、自分が何を伝えたいのか、同時に相手は何を知りたいのかを考えることが大事です。その上で、話す内容に応じて、次の要点を抑えて、要領よく話す練習をしましょう。

1）報告

　重要な度合いの高いものから順に話すことが大事です。報告の最後に近づくにしたがって、重要性が低くなると同時により詳細な報告事項が増えてきます。また、報告が主観的にならないようにし、コメントや見解を述べる場合でも、必ず客観的な判断にもとづく理由を付け加える必要があります。

2）説明

　説明が長くなる場合は、どのような順番で説明するのかをまず述べます。説明する内容の全体像を相手に知ってもらうのです。その上で、重要な点を述べ、例証を用いるなどして具体性を与えると、理解してもらいやすくなります。
　ストーリー性のある内容の説明の場合は、時系列にそって話を展開しましょう。

3）意見

　まず自分の意見を述べ、その意見を主張するに至った理由がいくつあるかを話します。そしてその理由を一個ずつ順番に述べ、最後に再度自分の意見を主張します。重要な点を繰り返し述べれば、相手はそれを記憶に留めてくれることでしょう。

● エクササイズ 12

入学してから現在までの大学生活について報告してください。その際、高校生のときとの生活の仕方や考え方などの違いに焦点を当ててください。

● エクササイズ 13

お薦めの本や映画のストーリーを説明してみましょう。

● エクササイズ 14

関心のある社会問題からトピックを一つ選び、自分の意見を述べてみましょう。

④ I-message で話す

　コミュニケーションにおいて、片方が相手の言動に問題があると感じた場合、その問題の解決の方法として、メッセージを発します。そのメッセージの発し方には、「あなた」を主語とするものと、「私」を主語にするものとの二種類があります。

　「あなた」を主語にしたものは You-message で、相手を所有し、管理し、支配したいという欲求が無意識のうちに言動に表れることがあります。たとえば、「早く寝なさい」とか「勉強しなさい」とか「あんな子とつきあったらだめ」というメッセージは通常、親や教師が発します。子どもや生徒の健康や成長を願っての発言なのですが、自我が確立してくると、こうしたメッセージは不愉快に感じられます。当然のことながら、大学生同士で You-message を使うと、相手を不愉快にさせるだけでなく、人間関係を損なう恐れがあります。

　それに対して、「私」を主語にするメッセージが I-message です。これは相手に問題があることを指摘し、その問題について私はどのように感じているかを伝えるにとどめ、問題解決は相手に委ねるメッセージです。たとえば、「早く寝ないとあした寝坊するよ」とか「○○さんと付き合っていると、あなたが不良になるのではないかと私は心配」とか「勉強しないと落第すると思うよ」というようにメッセージを発します。

　大学生同士でも親密になるとついつい You-message を使ってしまうことがあると思います。相手の考えや生活の仕方を尊重して、I-message を使うようにしましょう。

● エクササイズ 15

次の You-message を I-message に変えましょう。

1）昨日連絡するっていったでしょ。約束守ってよ。

_____

2）もうあんな人たちとつき合わないで。

_____

3）うるさいなぁ。わたしのことにいちいち口出ししないでよ。

_____

4）「どうして、すぐにライン送ってくれないの」

_____

知る

　日本についての基本的なことを知っておく必要があります。特に法律や税金や政治などに関する知識は、社会生活を送る上で適切な判断を下すのに役立つことでしょう。また、日本に関心をもっている外国人は、あなたに日本の歴史や文化などさまざまなことについて質問するかもしれません。さらに、日本の置かれている状況を判断しようと外国と比較する際、まず、日本のことを知っておく必要があります。たとえば、外国の消費税と比べて、日本の消費税は高いのか、低いのかを考える際に、単に消費税率を比べるのではなく、それぞれの国の消費税がどのように国民に還元されているかについての知識も必要でしょう。

① 重要な法律を知る

1）日本国憲法

　国が守るべきルールを規定し、他の法律の根幹になっているものが憲法です。1946年に日本国憲法が成立し、公布されて以来、一度も改正されていません。その特徴は「国民主権」、「基本的人権の尊重」、「平和主義」です。そして、もう一つの特徴は、第二次世界大戦の敗戦後、マッカーサー元帥の指示にもとづき GHQ 案を翻訳したものが日本国憲法の草案になったという点です。

　現在、憲法に関して議論されているのは、おもに「戦争の放棄」を規定する9条です。9条は国内外で多くの死者を出した戦争への強い反省から生まれたもので、前文では「戦争という過ちを二度と繰り返さない」と誓っています。9条1項には「日本国民は、正義と秩序を基調とする国際平和を誠実に希求し、国権の発動たる戦争と、武力による威嚇又は武力の行使は、国際紛争を解決する手段としては、永久にこれを放棄する」としています。また2項では「前項の目的を達するため、陸海空軍その他の戦力は、これを保持しない」と規定しています。

　しかし、朝鮮半島で政治的緊張が高まり、戦争勃発の危機がせまった1950年1月に、マッカーサーは日本も再軍備が必要と判断し、「年頭の辞」で日本の自衛権を承認し、国家警察予備隊（後の自衛隊）の設立を指示しました。そして1954年には自衛隊が発足します。

　日本政府は一貫して、憲法9条は、国際紛争におけるあらゆる武力行使を禁止するとしつつ、国民の平和的生存権を宣言した前文や、生命・自由・幸福追求の権利を尊重すべきとした13条を根拠に、日本が武力攻撃を受けた場合に、防衛のための必要最小限度の実力を行使することは例外的に許されるとしてきました。また、自衛のための必要最小限度

の実力組織である自衛隊は、9条2項に言う「戦力」には当たらないと解釈してきました。

国連憲章では、紛争が生じた場合、例外的に国家として武力を使うことを次の三つの場合に限り、許容しています。

① 個別的自衛権
　　自国が武力攻撃されたときに反撃する権利。（国連憲章第51条）

② 集団的自衛権（国連憲章第1条）
　　武力攻撃を受けた被害国から要請があった場合に、自国が攻撃されていなくてもその国の防衛を援助する権利。（日本では2014年の解釈変更を経て行使が認められるようになりました。）

③ 安保理決議による集団安全保障（国連憲章第39条）
　　侵略を行った国に、国連加盟国が団結して制裁する（日本は武力を用いる国連軍・多国籍軍の活動への参加は認めていません）。

● **エクササイズ1**

次の項目について調べた上で、憲法9条を修正する必要があるかどうか自分自身の意見をまとめてください。
・「イラク特別措置法」（2003年のイラク戦争の際、アメリカは日本に自衛隊派遣を要求。日本はこれに応じるために、この法律を成立させて、自衛隊を派遣。しかし、集団的自衛権の行使は違憲としていたため、非戦闘地域での支援にとどめた。）
・「安全保障関連法」（2015年、集団的自衛権の行使を認めるために、憲法解釈を変更する閣議決定が行われ、成立。16年から南スーダンで陸上自衛隊が国連平和維持活動に参加した。）
・世界における自衛隊の軍事力の評価（https://www.globalfirepower.com）

2）大学生の生活に係わる主な法律
① 公職選挙法第21条
　　2015年6月に公職選挙法の一部が改正され、選挙権を行使できる年齢が満18歳以上に引き下げられました。これによって、大学生も選挙権を得て政治に参加することができるようになりました。

　　大学に入り、地元を離れた場合、転出・転入届を市町村の役所に提出して、居住地での住民登録を行ってください。そうしないと居住地での投票ができないだけでなく、さまざまな行政サービスを受けられないこともあります。

② 民法第709条
　　「故意又は過失によって他人の権利又は法律上保護される利益を侵害した者は、こ

れによって生じた損害を賠償する責任を負う」と民法第709条は定めています。たとえば、自転車に乗って通学中、スピードを出しすぎて、交差点で歩行者と衝突し、怪我を負わせてしまったとします。この場合、スピードの出しすぎと前方不注意の過失があり、怪我を負った歩行者に対し、治療費や怪我によって仕事ができなかったことに対して補償費を支払わなければならなくなることがあります。

● エクササイズ2

次のケースの場合、賠償責任がAにあるでしょうか。
Aの先輩Bは新入生歓迎会で飲酒した後、自転車を貸すよう求め、Aはその求めに応じた。しかし、Bはその自転車に乗り、帰宅中歩行者をはね、死亡させた。

ケース1　　Bは無灯火のまま自転車を運転していた。　→　有　・　無
ケース2　　Aは夜光灯が点灯しないことを知って　　→　有　・　無
　　　　　　いながら、Bに自転車を貸した。
ケース3　　Bが酒に酔っていたことをAは知って　　→　有　・　無
　　　　　　いながら、Bに自転車を貸した。

③ 消費者契約法第4条

　　未成年者であれば、判断能力が未熟だとして、何らかの契約を結ぶ場合、保護者である法定代理人の同意が必要です。しかし、2022年4月から18歳で成年となるため、大学生は自分一人で契約することができるようになります。つまり、大学生が一旦契約を結べば、判断能力が未熟であったことを理由に契約解除することが原則としてできなくなるということです。

　　しかし、「消費者と事業者との間の情報の質及び量ならびに交渉力の格差にかんがみ」、「消費者の利益の擁護を図り、もって国民生活の安定向上と国民経済の健全な発展に寄与することを目的」（消費者契約法第1条）として、2000年に消費者契約法が制定されました。その結果、次のような場合には、消費者に取消権が与えられます。

　ⅰ　誤認による取り消し
　　事業者が消費者に誤認を引き起こさせる行為をした場合
　　　・重要事項について事実と異なることを告げた。
　　　・不確実な要素があるのにも関わらず、確実であるかのように告げた。
　　　・消費者の不利益になることを告げなかった。
　ⅱ　困惑による取り消し
　　事業者が消費者に困惑を生じさせるような行為をした場合
　　　・事業者が消費者の家や学校などに契約を結ぶまで居続ける。
　　　・勧誘場所や契約場所に契約を結ぶまで消費者を監禁する。

次のケースの場合、消費者は契約を解除することができるでしょうか。

ケース1　一般的な小売価格が 50,000 円のバッグを消費者に通常販売価格が 70,000 円であると言い、59,800 円で販売した。

　　　　→　できる　・　できない

ケース2　元手を確実に増やすことができるという投資セミナーに参加するために 50,000 円支払った。セミナーでは推奨する株に投資したが、株は下落し、元手を増やすどころか、大幅に減ってしまった。

　　　　→　できる　・　できない

ケース3　月額基本料金が 3,000 円で通話もインターネットも使い放題と言われ、契約した。しかし、細かい字で書かれた契約書には、インターネットはひと月 60 時間という上限設定があることが書かれていた。

　　　　→　できる　・　できない

ケース4　無料の英会話レッスンをするというので教室に行くと、レッスンのあと教材の販売勧誘が行われた。教材が 20 万円以上したので断ったが、勧誘が 4 時間も続き、帰りたかったので購入契約をした。

　　　　→　できる　・　できない

④ 特定商取引に関する法律（クーリング・オフ）

　　訪問販売等、事業者と消費者の間における問題が生じやすい取引について、取引の公正性と消費者被害の防止を図る目的で制定された法律です。一般的にはクーリング・オフ制度として知られています。この制度では、消費者が契約後、冷静になって判断できる期間と適用される取引が定められています。

　　次の 7 形態が「特定商取引」として定義され、規制の対象とされています。

1）訪問販売
2）通信販売
3）電話勧誘販売
4）連鎖販売取引（マルチ商法、ネットワークビジネス及びマルチ・レベル・マーケティング）
5）特定継続的役務提供（語学教室やエステティックサロンなど）
6）業務提供誘引販売取引（内職商法）
7）訪問購入

　　訪問販売や電話勧誘販売、特定継続的役務提供は 8 日間、通信販売においては、返品の可否及び条件について広告に記載がない場合、同じく 8 日間の期限内で契約の解除ができます。また、業務提供誘引販売取引、連鎖販売取引では 20 日間の期限内であれば、契約を解除できます。

　　クーリングオフ期間の開始は、業者から法定の契約書面を受け取った日からです。商品を受け取ってからの期間ではありませんので注意が必要です。

　実際にクーリング・オフを行う場合は、書面で契約者の住所、氏名、契約内容等を明記して、内容証明郵便（書留、特定記録、配達証明）で事業者に送付し、すでに支払った代金の返金と受け取った商品の引き取りを要求します。

● **エクササイズ 4**

次のケースの場合、消費者はクーリング・オフすることができるでしょうか。

ケース 1　水道水の水質検査を行いますと言って下宿先に業者がやってきた。検査をした後、水質に問題があるので、浄水器を使って有害物質を除去する必要があるといい、浄水器設置を勧めた。今なら月々 2,000 円で使用できるというので、設置することにした。しかし、よく考えれば、一人暮らしなので、浄水器を設置するまでもないと判断し、契約を解除したい旨を契約から 7 日後に業者に伝えた。これに対して、浄水器の設置工事をしているので、契約解除はできないと告げられた。
　　　　　→　できる　・　できない

ケース 2　初回限定 3,000 円の体験エステを利用するために、エステの店に行ったところ、体験エステが終わると高額なセットコースの契約の勧誘が始まり、断れず契約することとなった。高額なので契約を解除したいが、契約してからすでに 10 日経過していた。
　　　　　→　できる　・　できない

⑤ **所得税法第 82 条・84 条　いくらまでアルバイトで稼いでよいか**

　アルバイトやインターンで稼ぎすぎると、自分や親が払う税金が増えてしまうことがあります。そこで、所得税法の「扶養控除」と「勤労学生控除」について知っておきましょう。

　結論から先に言うと、103 万円以下に抑える必要があります。103 万円という額は扶養家族一人につき受けられる上限 38 万円の控除額と勤労者が受けられる給与所得控除として 65 万円の控除額を加えたものです。103 万円を超えてしまうと、親が扶養控除を受けられなくなり、親は税金を多く支払わなければなりません。

　ここで注意すべき点は、アフィリエイトや株などで稼いだ場合は、雑所得となり給与所得になりませんので、給与所得控除の 65 万円が差し引かれなくなります。その場合、インターネットなどにアップするための映像作成にかかった経費のみが控除対象となり、上限額は 38 万円となります。雑所得が年間 38 万円を超えた場合は、確定申告が必要になります。

　生活費を稼ぐ学生には「勤労学生控除」が適用され、年間の収入が 130 万円までなら非課税になります。もっとも、扶養からは外れてしまうので親の税負担は増えてしまいます。また、アルバイトによる収入が 130 万円を超えると、健康保険上の扶養からはずれ、今使っている保険証が使えなくなります。その結果自分自身でお金を払い

健康保険に入る必要があります。

② 租税制度を知る

　日本において租税は、日本国憲法第 30 条で、「国民は、法律の定めるところにより、納税の義務を負ふ」と規定されています。

　日本の租税は国税と地方税からなり、地方税はさらに道府県税と市町村税に分類されます。

　課税方法により、租税は直接税と間接税に分けられ、直接税のおもなものには所得税や法人税、相続税などがあり、間接税には消費税や酒税、たばこ税などがあります。

● エクササイズ 5

本年度の日本の一般会計歳出と一般会計歳入を調べ、下の問いに答えてください。
1）歳出の総額はいくらになるでしょうか。
2）社会保障関係費は歳出の総額の何パーセントを占めるでしょうか。
3）国債費（償却）は歳出の総額の何パーセントを占めるでしょうか。
4）歳入の総額はいくらになるでしょうか。
5）消費税は歳入の総額の何パーセントを占めるでしょうか。
6）国債（借入）は歳入の総額の何パーセントを占めるでしょうか。
　財務省（わが国の税制の概要）：
　https://www.mof.go.jp/tax_policy/index.html

● エクササイズ 6

日本の消費税率と諸外国の消費税率を調べ、下の質問に答えてください。
1）日本、中国、韓国のうちでもっとも消費税率が高い国はどこでしょうか。
2）世界でもっとも消費税率が高い国はどこでしょうか。
3）日本の昨年度末の公債残高の累積額はいくらでしょうか。またそれを国民 1 人当たりで計算するとどれくらいになるでしょうか。

財務省（国際比較）：
https://www.mof.go.jp/tax_policy/summary/itn_comparison/index.htm
財務省（財政に関する資料）：
https://www.mof.go.jp/tax_policy/summary/condition/a02.htm

③ 政治・司法制度を知る

　日本において、立法権は国会に（憲法 41 条）、行政権は内閣に（同 65 条）、司法権は裁判所に属す（同 76 条）と規定され、三権分立が確立されています。

　日本の政治制度の特徴は、政府（内閣）が議会の信任によって成立する議院内閣制で

す。内閣の長は内閣総理大臣で、国会で国会議員の中から指名されます（同 67 条）。内閣を構成する他の国務大臣は首相によって任命されますが、過半数を国会議員から選べばよいことになっています（同 68 条）。

　日本の議会は衆議院と参議院からなる二院制を採っています。法律や予算を決める際には衆議院が参議院に対して優位にあります。衆議院は任期中でも解散されることがあるため、国民の意見を反映しやすいからです。しかも、参議院が衆議院と異なる議決を下した場合、衆議院が再度議決を行えば、衆議院の議決が有効となります。

　国会と裁判所の関係においては、裁判所に違憲立法審査権が与えられ、裁判所が「憲法の番人」としてのチェック機能を果たしています（81 条）。

● **エクササイズ 7**

日本の政治制度と世界の政治制度を比較して、下の質問に答えてください。

1）議員内閣制はイギリスのものをモデルに導入されました。イギリスと日本の議員内閣制で異なる点を 2 つ挙げてください。
2）議員内閣制と大統領制とどこが違うのでしょうか。日本とアメリカ合衆国を例に取り、異なる点を 5 つ挙げてください。
3）衆議院と参議院の違いをまとめてみましょう。
4）一院制を採用している国にはどのような国があるでしょうか。一院制と二院制の長所と短所をそれぞれ考えてみましょう。
5）違憲立法審査権が発動されて、法律が改正された例を検証してみましょう。

④ 歴史を知る

　次の文章は日本の成り立ちをまとめたものです。カッコ内に入る数字や語句を下の語群から選びましょう。

古代

　紀元前 8 世紀頃以降、（　1　）が大陸から伝わると、各地に「ムラ」、「クニ」と呼ばれる政治組織が徐々に形成され、1 世紀・2 世紀前後には各クニの連合による（　2　）と呼ばれる政治組織が出現した。

　3 世紀から 4 世紀にかけて、（　2　）は（　3　）という統一国家へと発展する。7 世紀後半から 8 世紀初頭には中国の法体系・社会制度を取り入れて（　4　）としての体制を取るようになった。当時の「日本」の支配地域は、日本列島全域に及ぶものではなく、南は九州北東部、北は東北中部までであった。九州南部が日本の支配下に入るのは、8 世紀末であり、東北北部地方が「日本」の領域となったのは鎌倉時代に入ってからである。

中世

　10 世紀から 12 世紀にかけて、（　5　）制度を基盤にし、財力を得た貴族はその権力を強めてゆく。天皇を中心とする古代（　6　）体制から天皇の代わりに大貴族が

政権を担当する摂関政治が始まる。ちなみに12世紀頃（平安末期）から古文書に「日本」「日本国」の表記が現れ始める。室町時代には日本の領域が北海道南部まで及んだ。15世紀後半頃から戦国大名勢力による地域国家の形成が急速に進んでいった。この地域国家形成の動きは、中世社会の再統合へとつながり、16世紀末には日本の統一政権が樹立されるに至る。

近世

　　17世紀初めに薩摩島津氏が（　7　）王国を侵攻し、支配下におさめたが、その後もこの王国は日本・中国への両属を続けた。

　　19世紀中葉に入り、江戸幕府の政治体制が揺らぎ始めると同時に、欧米列強との接触が飛躍的に増え、新しい政治体制の構築が始まろうとする。

現代

　　江戸幕府の崩壊後、天皇を中心とする新政府を打ち立てる（　8　）を経て、日本は近代国家の骨格を作り始めた。同時に近隣諸国と国境確定を行い、1875年に樺太を放棄する代わりに占守島以南の千島列島全域を日本領とし、1879年には琉球の王統支配を終わらせ沖縄県を設置した。これによって、日本国領域が確定した。

　　日本は（　9　）運動を経て、1885年に内閣制度を確立して、1889年には大日本帝国憲法を制定した。1890年に第1回衆議院議員総選挙を実施し、帝国議会を設置した。

　　19世紀後半から20世紀初頭にかけて、日清戦争と日露戦争を経て日本は東アジアにおける勢力圏を確保した。両戦争を通じて日本は、台湾・澎湖諸島および南樺太を領土におさめ、中国の関東州租借権を獲得した。その後日本は1910年に（　10　）を行った。また、1920年に発足した国際連盟からの委任を受けて南洋群島を統治することとなった。大正時代に入ると、政党政治と普通選挙が実現した。1930年代には中国東北部へ進出し、（　11　）国を建国して一定の支配権を得た。こうした対外志向は、アメリカ合衆国をはじめとする欧米諸国と衝突することになり、太平洋戦争を引き起こすことになった。しかし、資源に乏しい日本は太平洋戦争で劣勢に立ち、1945年には広島、長崎に原爆が投下され、敗戦を迎えることになった。敗戦後の日本は、連合国軍の体制下に置かれ、日清戦争以降に獲得した領有権・統治権のすべてを失った。その一方で連合国占領下において国制改革が進められ、（　12　）が制定された。1952年のサンフランシスコ講和条約により連合国軍による占領が解除されると、日本は目覚しい経済発展を遂げることになる。また1952年から1953年にかけては奄美諸島、1968年には小笠原諸島、1972年には沖縄県の施政権がアメリカ合衆国から返還された。

　　1970年代後半以降の日本は、先進国の一員として国際的貢献を果たした。

稲作　　韓国併合　　荘園　　自由民権　　日本国憲法　　明治維新　　満州
ヤマト王権　　律令　　律令国家　　琉球　　倭国

● エクササイズ 8

次の文章は日本に係わる近代から現代にかけての世界史における紛争や戦争をまとめた文章です。カッコ内に入る数字や語句を下の語群から選びましょう。

1)　欧米諸国による東南アジアの植民地化の危機が迫る一方、南下政策を取るロシアがサハリンにまで迫ってきたため、日本は清、朝鮮との間で同盟を結び、ロシアの南下を防ごうとした。しかし、同盟案は協議されることなく拒否されたため、日本はまず朝鮮を武力で支配下に置こうと考えた。当時朝鮮を属国としていた清国がこれを黙認するはずもなく、（　1　）年、日本との間で（　2　）が勃発する。軍備の近代化を取り入れた日本はこの一戦に勝利し、遼東半島、（　3　）、澎湖諸島を得、朝鮮を清国から独立させ、日本の影響下に置くことになった。

2)　宗教的秘密結社である（　4　）は、1897 年以降、災害のために窮乏した農民や下層労働者が加わって急速に勢力を拡大し、山東半島へのドイツの進出とキリスト教会に対する反感から武装蜂起した。1899 年末には「扶清滅洋」（清を扶けて、西洋を討ち滅ぼそう）というスローガンの元に各地の教会を襲撃し、鉄道や電線を破壊した。1900 年 6 月には勢力を 20 万に増やし、北京に入り、日本およびドイツ人の外交官を殺害した。清朝は（　4　）を利用して教会・外国人に対する大規模な攻撃・殺戮を始めた。これを機に在留外国人の保護を名目に 8 カ国（日本・ロシア・イギリス・アメリカ・ドイツ・フランス・オーストリア・イタリア）が共同出兵にふみきった。8 カ国連合軍は天津を占領し、8 月には北京に入城し、1901 年 9 月には勝利を確定させた。敗れた清は 11 カ国（出兵した 8 カ国とベルギー・オランダ・スペイン）との間で北京議定書を結び、多額の賠償金の支払いと中国内の半植民地化を認めることになった。

3)　日清戦争によって、朝鮮は独立国家として承認されることになる。しかし、清の後ろ盾を失った国王高宗と王妃閔妃は、ロシアと結んで日本に対抗しようとした。一方、ロシアは義和団事件が起こると満州に大軍を送り込み、1900 年 10 月頃までにはほぼ満州全域を占領した。これにより、朝鮮及び満州をめぐる対立が激化し、1904 年 2 月に（　5　）が始まった。

　これに先立ち、日本はロシアと対立関係にあったイギリスと日英同盟を結んだ。また、中国市場への進出をねらうアメリカはロシアの満州占領を嫌い、日本を支持した。当時の日本は財政力が弱く、日露戦争の戦費の半分以上をイギリスとアメリカで募集した外債でまかなった。

　（　5　）は双方に多大な死傷者を出したが、日本は奉天会戦と日本海海戦に勝利をおさめ、戦局を有利に展開した。また、ロシアは 1905 年 1 月に起こった第一革命の勃発によって戦争継続が困難となっていた。このため両国はアメリカ大統領セオドア・ルーズベルトの調停を受け入れ、講和交渉に入った。

　1905 年 8 月、アメリカのポーツマスで講和会議が開かれ、ロシアは日本に対して

朝鮮における優越権の承認、遼東半島の租借権と南満州鉄道の利権の割譲、および南樺太の割譲を約束した。以後日本は韓国への干渉を強め、（　6　）年には韓国を併合した。

4)　（　7　）年、ボスニアのサライェヴォでセルビアの秘密結社の青年によってオーストリア帝位継承者フランツ・フェルディナントが暗殺された。帝国から独立しようとしていたセルビアに対し、オーストリアは宣戦布告をした。これに呼応して、ロシアは自国民が多く居住するセルビアを守るため、オーストリアと戦うことになる。それに対して、ドイツはオーストリア側につき、フランス、イギリスはセルビアを支持する側について戦線に加わることになった。こうして、（　8　）が勃発した。当時ヨーロッパ列強は世界的経済不況を経て、それを打開するための植民地再分割をめぐってしのぎを削っていた。
　　極東の日本は（　9　）に基づいて、（　8　）に参戦することになった。日本はドイツが中国で支配していた山東半島を攻撃し、占領した。
　　短期決戦の予想に反して長期戦となり、動員された兵力は 6,000 万人を超え、戦死者数は約 1,000 万人に達した。

5)　　中国は清朝時代の英清通商航海条約改正を目指し、領事裁判権の撤廃や関税自主権など国権を回復しようとしていて、日本との過去の条約の無効を主張し始めた。また 1929 年に日本の権益を否定する「土地盗売厳禁条例」や「商租禁止令」などの追加法令により、日本人の土地・家屋の商租禁止と従前に貸借している土地・家屋の回収が図られた。これにより日本人居住者は立ち退きを強要されたり、迫害されたりした。この状況を打開するために、日本は関東軍が中心となり、武力に訴えた。事の発端は満州鉄道爆破事件であった。関東軍は、この事件の犯人を中国軍だとでっちあげ、満州にある中国軍拠点を攻撃し、満州全土を占領して満州国を建国した。これが（　11　）年に勃発した（　10　）である。この結果、満州国は事実上の日本の傀儡国家となったが、日本は各国から猛烈な批判を受けた。そして最終的に国際連盟から脱退し、世界から孤立していった。

6)　　1940 年、日中戦争が泥沼化する中で、日本は南京に親日政権を樹立したが支持が得られず、事態の収拾に苦しんでいた。
　　その頃、ヨーロッパではドイツが西部戦線で勝利を得、1940 年 6 月にはパリを占領した。この機に、日本はフランス領インドシナ・オランダ領東インドのゴム・石油などの資源の獲得を目ざした。また、9 月には日独伊三国同盟に調印した。
　　このフランス領インドシナ北部進駐と（　12　）三国同盟の調印によって、満州事変以来、対立していた日米は急速に関係を悪化させた。アメリカは中国侵略と（　12　）三国同盟に抗議して日米通商条約破棄を通告し、石油・鉄鋼などの軍需物資の日本への輸出を禁止した。
　　1941 年 4 月に日米交渉が開始されたが、日本軍の中国からの撤兵と三国同盟から

の脱退というアメリカの要求を日本は拒否し、日米間の緊張はさらに高まった。

　日本は日ソ中立条約を結んで北方の安全を確保し、アメリカとの戦争に備えた。（　13　）年12月8日、日本軍はハワイ真珠湾のアメリカ太平洋艦隊を奇襲し、アメリカ・イギリスに宣戦を布告して（　14　）に突入した。

　緒戦に勝利した日本は、開戦後半年で東南アジアのほぼ全域と西南太平洋の諸島を占領下においた。日本は占領下のフィリピン・インドネシア・ビルマに親日政権を樹立させた。

　しかし、1942年6月のミッドウェー海戦の敗北によって日本は制海・制空権を失い、劣勢に転じた。アメリカ軍は1943年5月以後、日本が占領していた東南アジアのほぼ全域と西南太平洋の諸島を支配下に置き、日本本土爆撃を開始した。さらにアメリカ軍は8月6日広島に、9日には長崎に原子爆弾を投下した。また、ソ連は日ソ中立条約を破棄して8月に日本に宣戦し、満州に進撃を開始した。

　こうした状況下で、ついに日本は（　15　）宣言受諾を決定し、（　16　）年8月15日に6年間に及んだ（　17　）は終わった。

1894　　　1910　　　1914　　　1931　　　1941　　　1945　　　義和団
第一次世界大戦　　　太平洋戦争　　　第二次世界大戦　　　台湾　　　日清戦争
日英同盟　　　日独伊　　　日露戦争　　　ポツダム　　　満州事変

⑤　重要用語を知る

アフィリエイト

　インターネット広告のプログラムのことです。プログラムに参加している企業の広告をブログやウェブサイトの運営者が掲載すると、クリック数や購入実績や申し込み数に応じて企業が運営者に報酬を支払う仕組みです。

インバウンド

　英語のinboundをカタカナ表記したことばです。もともとは「本国行きの」という意味ですが、外国人が日本を訪れ観光することを指します。マーケティング分野では、写真や動画などのコンテンツを充実させ、情報を発信して、販売促進をはかることをインバウンド・マーケティングと言います。

エビデンス

　英語のevidenceをカタカナ表記したことばです。証拠という意味です。たとえば自己PRの際に英語力に自信があるといっても、TOEICや英検でのハイスコアといったエビデンスがなければ、発言の信頼度が落ちてしまいます。ビジネスの世界では、契約内容を明確に記録する書面やデータを指します。

クラウド

　英語の crowd と cloud をカタカナ表記したことばです。群衆という意味の crowd が用いられる場合は、相互につながりのない利用者が少しずつ情報や資金を出し合って全体として有益なプロジェクトを可能にする際に用いられます。「クラウド・ソーシング」（crowd sourcing）や「クラウド・ファンディング」（crowd funding）というように使われます。クラウド・ソーシングは、オープンな人的ネットワークに仕事や課題を発注、募集、問い掛けをして、比較的安価でコンテンツや知恵を調達する方法です。クラウド・ファンディングは、ある目的や志などのために不特定多数の人から資金を集める行為、またそのためのネットサービスのことを意味します。cloud が用いられる場合は、「クラウド・コンピューティング」や「クラウド・ストレージ」などのように使われます。クラウド・コンピューティングとは、従来は手元のコンピューターで管理・利用していたようなソフトウェアやデータなどをインターネットを通じてサービスの形で必要に応じて利用する方式を意味します。クラウド・ストレージとは、クラウドを利用して提供されるオンライン・ストレージ・サービスです。つまり、データを保管する場所、保存する場所のことです。従来、自分でストレージを構築しようとすると、費用や時間がかかるだけでなく、バックアップの対策に加え、増えていくストレージ容量を予測する必要がありました。クラウド・ストレージを利用すると、自分でファイルサーバー環境を構築・保守することなく、低コストでクラウド上に必要な分のデータを必要なだけ保管することができます。

コミット

　英語の commitment を略したカタカナ語です。責任の伴う約束や目標に対して責任を持って積極的に関わることを意味します。

コンセンサス

　英語の consensus をカタカナ表記したことばです。複数の人の合意や意見の一致を意味しています。

コンプライアンス

　英語の compliance をカタカナ表記したことばです。「法令順守」という意味で使われます。

デフォルト

　経済領域でいうデフォルトは、「債務不履行」という意味で使われます。財政が破綻し、金融危機に陥って債務不履行になりそうなときに、「デフォルトの危険性がある」というふうに使われます。コンピュータ用語としても使われ、ソフトウェアの「初期設定値」を指します。これから転じて、「定番」「普通」という意味で使われることもあります。

PDCA サイクル

　PDCA サイクルは、「Plan ＝計画」、「Do ＝実行」、「Check ＝評価」、「Action ＝改善」

の4段階を指し、実行可能な計画を練るときや実際に計画を実行した結果を検討する際に用いられます。

PKO

　国連平和維持活動。国際的な平和や安全を維持するための、国連決議に基づく活動を指します。

リテラシー

　英語の literacy をカタカナ表記したことばです。もともとは、読み書きができる能力を指しましたが、「コンピュータ・リテラシー」や「メディア・リテラシー」や「環境リテラシー」のように使われ、それぞれの分野の理解力、活用力を意味するようになりました。

● エクササイズ9

次の略語を表すものを下の a ～ n の語群から探し、カッコ内に入れてください。

1) ASEAN（　）　2) BRICs（　）　3) GNP（　）　4) ILO（　）
5) IMF（　）　6) UNICEF（　）　7) IWC（　）　8) MSF（　）
9) NATO（　）　10) NRA（　）　11) ODA（　）　12) QOL（　）
13) TOPIX（　）　14) TPP（　）　15) IoT（　）

a. 国民総生産　b. 国境なき医師団　c. 政府開発援助　d. 東証株価指数
e. 東南アジア諸国連合　f. 全米ライフル協会　g. 国際労働機関
h. 精神面を含めた生活全体の豊かさ　i. 環太平洋戦略的経済連携協定
j. ブラジル、ロシア、インド、中国、四カ国の頭文字をとった総称
k. 国連児童基金　l. 北大西洋条約機構　m. 国際捕鯨委員会　n. 国際通貨基金
o. 様々な「モノ」がインターネットに接続され、情報交換することにより相互に制御する仕組みのこと

ヒント
ASEAN　　Association of Southeast Asian Nations :
BRICs　　Brazil, Russia, India, China
GNP　　Gross National Product
ILO　　the International Labour Organization
IMF　　the International Monetary Fund
IoT　　Internet of Things
IWC　　the International Whaling Commission
MSF　　Médecins Sans Frontières
NATO　　the North Atlantic Treaty Organization

NRA   National Rifle Association of America
ODA   Official Development Assistance
QOL   Quality Of Life
TOPIX   Tokyo Stock Price Index
TPP   Trans-Pacific Partnership
UNICEF   United Nations Children's Fund

⑥ 慣用句・四字熟語・同意語・反意語を知る

　日常生活で使われるレベルの慣用句や四字熟語は知っておかないと常識が疑われます。あまり耳にしたり、目にしたりすることのない慣用句や四字熟語でも就職時のテストである SPI に出題されるものがあります。次のエクササイズをやってみて、どれくらい正確な知識があるか確認してみましょう。また知らなかったものや誤って覚えていたものについてはこの機会に正確に覚えましょう。

　よく使われる慣用句を正しくつかいましょう。

● エクササイズ 10

1) 次の慣用句には間違いがあります。正しい慣用句に直してください。

1	愛想を振りまく	（　　　　　　　　　　）
2	口を濁らす	（　　　　　　　　　　）
3	過ち転じて福となす	（　　　　　　　　　　）
4	枯れ木も花の賑わい	（　　　　　　　　　　）
5	櫛の歯が抜けるように	（　　　　　　　　　　）
6	上へ下への	（　　　　　　　　　　）
7	汚名挽回	（　　　　　　　　　　）
8	汚名を晴らす	（　　　　　　　　　　）
9	薄皮をはぐように	（　　　　　　　　　　）
10	手に汗をかく	（　　　　　　　　　　）

2) 次の慣用句には漢字の間違いがあります。正しい慣用句に直してください。

1	大見栄を切る	（　　　　　　　　　　）
2	一睡の夢	（　　　　　　　　　　）
3	肝に命じる	（　　　　　　　　　　）
4	受けに入る	（　　　　　　　　　　）
5	釜を掛ける	（　　　　　　　　　　）
6	嫌が上にも	（　　　　　　　　　　）
7	国敗れて山河あり	（　　　　　　　　　　）
8	苦渋をなめる	（　　　　　　　　　　）
9	油が乗る	（　　　　　　　　　　）

10　お首にも出さない　　（　　　　　　　　　　　　　）

3）次の四字熟語には間違いがあります。正しいものに直してください。
1　異句同音　（　　　　　　）
2　一身同体　（　　　　　　）
3　意味深重　（　　　　　　）
4　優従不断　（　　　　　　）
5　人生航路　（　　　　　　）
6　短刀直入　（　　　　　　）
7　強硬採決　（　　　　　　）
8　大義名文　（　　　　　　）
9　日新月歩　（　　　　　　）
10　人跡未到　（　　　　　　）

4）次の四字熟語の読みを書き、意味を下から選び、カッコ内にその記号を入れてください。
1　換骨奪胎　（　　　・　）　　6　頑迷固陋　（　　　　・　）
2　画竜点睛　（　　　・　）　　7　狂喜乱舞　（　　　　・　）
3　厚顔無恥　（　　　・　）　　8　綱紀粛正　（　　　　・　）
4　三位一体　（　　　・　）　　9　情状酌量　（　　　　・　）
5　才気煥発　（　　　・　）　　10　衆人環視　（　　　　・　）

い　才気がはじけるように表に出るさま
ろ　行動の理由づけとなるはっきりとした根拠
は　人が一度も足をふみいれたことがないこと
に　あつかましいこと
ほ　物事の決断がにぶいこと
へ　急速に進歩すること
と　前置きを抜きにして、直接に問題の要点に入ること
ち　大勢の人がとりまいて見ていること
り　物事を立派に完成させるための最後の仕上げ
ぬ　多くの人が口をそろえて同じことをいうこと
る　裁判官が被告人に有利な情状を酌みとること
を　人の一生
わ　古人の作品の趣旨に沿いながら新しいものを加えて表現すること
か　三つの要素が互いに結びついていて、本質においては一つであること
よ　非常によろこぶこと
た　意味が深く、含蓄のあること
れ　強引に採決すること

そ　政治家や役人の態度の乱れを正して厳格にすること

つ　異なったものが、一つの心で、同じ体のように強固な結合をすること、かたくな
で正しい判断ができないこと

5）正しい四字熟語にしてください。

1　独断先行　（　　　　　）		6　天心爛漫　（　　　　　　）	
2　暴若無尽　（　　　　　）		7　文明開花　（　　　　　　）	
3　脅迫観念　（　　　　　）		8　臨気応変　（　　　　　　）	
4　口答試問　（　　　　　）		9　温古知新　（　　　　　　）	
5　自我自賛　（　　　　　）		10　気色満面　（　　　　　　）	

6）□の中に適切な漢字を入れて、四字熟語を完成させてください。

1　諸行無□　（　　　）	6　軽□浮薄　（　　　）
2　□天白日　（　　　）	7　言語□断　（　　　）
3　適□適所　（　　　）	8　縦横無□　（　　　）
4　□和雷同　（　　　）	9　心□喪失　（　　　）
5　流言□語　（　　　）	10　前人未□　（　　　）

7）次の語句と同じ意味のものをＡ～Ｄの中から選んでください。

1　拘泥　（　　）	A.固執	B.固定	C.忸怩	D.泥縄
2　折衝　（　　）	A.干渉	B.交渉	C.折半	D.渉外
3　殊勝　（　　）	A.快勝	B.殊勲	C.神妙	D.熱心
4　従容　（　　）	A.威容	B.許容	C.泰然	D.追従
5　歴然　（　　）	A.依然	B.超然	C.明白	D.暦年
6　揶揄　（　　）	A.阿諛	B.愚弄	C.比喩	D.耶蘇
7　高尚　（　　）	A.和尚	B.高僧	C.上品	D.尚早
8　出色　（　　）	A.色調	B.出自	C.退色	D.抜群
9　腐心　（　　）	A.苦心	B.小心	C.傷心	D.腐敗
10　蹉跌　（　　）	A.更迭	B.些末	C.切磋	D.失敗

8）次の語句と反対の意味のものをＡ～Ｄの中から選んでください。

1　威嚇　（　　）	A.威信	B.脅威	C.懐柔	D.防衛
2　融解　（　　）	A.凝固	B.凝縮	C.乖離	D.融点
3　剛腹　（　　）	A.剛腕	B.小胆	C.腹心	D.立腹
4　竣工　（　　）	A.起工	B.施工	C.浚渫	D.定礎
5　隠蔽　（　　）	A.隠匿	B.淫靡	C.暴露	D.遮蔽
6　寡黙　（　　）	A.寡頭	B.詭弁	C.多弁	D.沈黙
7　帰納　（　　）	A.演繹	B.帰港	C.上納	D.返納
8　高尚　（　　）	A.高貴	B.尚早	C.台頭	D.低俗

9　雌伏　（　　）　A. 雄大　B. 説伏　C. 飛翔　D. 雄飛
10　騰貴　（　　）　A. 貴賎　B. 急落　C. 沸騰　D. 卑俗

⑦　社会のルールを知る

1）名刺交換のルール

社会人になると、名刺交換は頻繁に行われます。大学生も就職活動をする際やクラブ活動で他大学や所属する運営組織の人たちと会う際などには名刺交換をすることがあります。

① 名刺の役割

名刺には所属や役職、氏名の他に住所やメールアドレスなどの連絡先が記載されていますから、後で何らかの用事や連絡事ができた場合、これが活用されます。通常、名刺は名刺ホルダーやデータ、計算表のファイルなどに保存されます。その際に相手の印象や会見時の重要な情報を書き加えておくとよいでしょう。

② 名刺の表面と裏面

表面には日本語で、裏面にはローマ字で表記すると外国の人にも名刺を渡すことができます。また、読みにくい氏名や住所もローマ字表記しておくと、わかりやすくなります。

③ 名刺入れ

ポケットや財布に名刺を入れず、名刺入れを用意し、そこに必要とされる枚数の名刺を入れておきます。

④ 名刺を差し出す順番

目下の人が先に差し出します。売主と客の場合や依頼する人と依頼される人の場合は年齢に関係なく、前者が先に名刺を渡します。

目上の人が先に名刺を差し出した場合は、「頂戴します」と言いながら受取り、「申し遅れました」と言い自分の名刺を渡しましょう。

⑤ 名刺を交換する姿勢

名刺交換は、必ず立った状態で行います。座っている場合は立ち上がって行い、また、間にテーブルなどを挟まずに、直接相手に相対します。

⑥ 名刺を持っていない場合

「ただいま名刺を切らしており、失礼します」と言い、相手の名刺を受け取ります。後日、相手にお詫びの手紙に名刺を同封して送ると丁寧です。

⑦ 名刺交換の仕方

名刺を相手の側に向けながら、会釈をし、所属、氏名を名乗り、名刺を差し出します。名刺を持つ手は、なるべく文字に指がかからないようにします。必ず両手で受け取るようにします。名刺交換のとき、両方が同時に名刺を差し出すこともあります。そのときは左手で相手の名刺を受け取り、右手で名刺を相手に渡すことになります。

⑧ 名刺を受け取るときの挨拶

　　先方の名前が読めないときには、名刺交換の時点で確認をしておきます。相手の所属や活動内容などに関する基本的な情報を聴きだします。

⑨ 名刺のしまい方

　　間にテーブルがある場合には、面談が終わるまでもらった名刺をテーブルの上に出しておいてもかまいません。相手が複数いる時は、座席のとおりに名刺を並べて置くとよいでしょう。面談が終われば、名刺入れにしまいます。

⑩ 名刺の活用

　　名刺交換した日や相手の印象、交換時の会話から得た重要な情報を名刺に書いておくと便利です。

● エクササイズ 11

自分自身のオリジナル名刺を作り、10枚程度コピーして、実際に名刺交換をしてみましょう。

2）時間についてのルール

　大学では授業開始時に出席していなければ遅刻になることは当然のこととして理解されているでしょう。教員によっては20分以上遅刻した場合は欠席とみなしたり、教室への入室を許可しなかったりといった処置を取る場合があります。また、遅刻が3回に達すると1回の欠席とみなす教員もいます。遅刻すれば、自分自身にとってよくない状況が生じるだけではありません。遅刻をする学生は、教員にとっても他の受講生にとっても迷惑な存在です。授業が中断する場合もありますし、集中力が阻害されることもあります。極力遅刻しないよう心掛けるべきですね。

　また、課題提出時間を守らないと、課題を受理してもらえなくなります。せっかく書き上げた論文やレポートが1、2分の遅れで提出できなくなることもあります。

　社会人になれば、時間厳守はもっとも重要なルールとなります。インターンシップや会社訪問等で社会人として振舞うことを要求される時には、時間についてのルールを知っておく必要があります。面談の時間が2時であれば、2時ちょうどに約束の場所に着いていたのでは遅いのです。約束の時間の10分前には着いておかなければなりません。もし、交通機関の遅れで、遅刻しそうな場合には、あらかじめ連絡を取り、遅れる理由と予定到着時刻を伝えなければなりません。自分自身に落ち度がないとしても、遅刻し、相手を待たせてしまった事実に変わりはありません。きちんと謝罪すべきです。

⑧ 時事問題を知る

1）なぜ時事問題を知っておかなければならないのか

　時事問題に関心を持たない学生が多くなってきたといいます。このことは若い世代の人たちが新聞だけでなく Web ニュースさえも読まなくなってきたことと比例しているようです。事実、総務省統計局「家計調査」によると、30歳未満の世代別一世帯当たりの年

間新聞支出額は 2007 年と比べると、2017 年には 60% 減っています。

　就職の面接時に時事問題について質問されたり、ディスカッションを課せられたりしたときに、それに関する知識がないと一言も発言できなくなってしまいます。それだけではありません。時事問題の多くは、政治や経済と直結しています。将来のみなさんの生活に係わる重要な問題があるのです。たとえば、消費税や基地移転問題や原子力発電問題などは、直接的にせよ間接的にせよ、みなさんに影響を及ぼします。大学生には参政権が与えられています。自分の意見を政治に反映させたり、将来の豊かな生活設計を立てたりするために、時事問題を知っておくことは必要でしょう。

2）新聞の利点

　現在起きていることを知るために、Twitter や LINE などを利用している人が多いかと思います。スマートフォンの画面をスクロールすれば、1、2 時間前に起きた事件や話題性の高いできごとが写真や動画と一緒に目に飛び込んできます。その反面、時事問題についての知識を得るために新聞や Web ニュースを読む人が少なくなってきました。

　しかし、新聞にはスマートフォンで見る単発的な情報にはない利点がいくつかあります。次にその利点を挙げてみることにしましょう。

　　① 信頼性がある　　　　新聞では記者が取材したことをそのまま記事にして新聞に載せるわけではありません。まず編集責任者が掲載するかどうかを検討します。掲載価値があると判断されれば、編集部で文章を整理したり、見出しをつけたりした後、校閲部に送られ、事実関係や字句のチェックが行われます。必要に応じて、外部の専門家の意見を聞く場合もあります。さらにその後、会議が開かれて、OK がでれば、はじめて記事として新聞に掲載されます。

　　② 重層性がある　　　　重要なニュースの場合、そのニュースの事実関係だけを伝えるのではなく、その背景や影響についての報道もあります。新聞を継続して読んでいると一つのニュースが過去の出来事とつながっていたり、他のできごとと関連していたりすることがわかります。

　さらにもう一点、新聞を読むときに知っておいてもらいたいことがあります。本来、報道機関は中立で公正な立場からニュースを発信しなければなりません。ところが、解説記事や論説文を読んでみると、それぞれの新聞にものの見方についての傾向があることがときおり見受けられます。たとえば、Y 新聞は政府寄りで、A 新聞は政府に批判的であることは、同じ記事を比較しながら、読んでみるとわかることでしょう。一紙だけでなく、すくなくとも二紙を読むことを勧めます。

新聞を読んで、関心を持った時事問題に着目して、下記の項目について調べ、自分の意見やコメントをまとめてみましょう。

新聞名：＿＿＿＿＿＿＿　朝刊・夕刊　第＿＿版　日付：＿＿＿＿＿年＿＿月＿＿日
第＿＿面

タイトル（見出し）：

＿＿＿＿＿＿＿＿＿＿＿＿＿＿＿＿＿＿＿＿＿＿＿＿＿＿＿＿＿＿＿＿＿＿＿＿＿＿＿

サブタイトル（副見出し）：

＿＿＿＿＿＿＿＿＿＿＿＿＿＿＿＿＿＿＿＿＿＿＿＿＿＿＿＿＿＿＿＿＿＿＿＿＿＿＿

要旨：

＿＿＿＿＿＿＿＿＿＿＿＿＿＿＿＿＿＿＿＿＿＿＿＿＿＿＿＿＿＿＿＿＿＿＿＿＿＿＿
＿＿＿＿＿＿＿＿＿＿＿＿＿＿＿＿＿＿＿＿＿＿＿＿＿＿＿＿＿＿＿＿＿＿＿＿＿＿＿
＿＿＿＿＿＿＿＿＿＿＿＿＿＿＿＿＿＿＿＿＿＿＿＿＿＿＿＿＿＿＿＿＿＿＿＿＿＿＿
＿＿＿＿＿＿＿＿＿＿＿＿＿＿＿＿＿＿＿＿＿＿＿＿＿＿＿＿＿＿＿＿＿＿＿＿＿＿＿
＿＿＿＿＿＿＿＿＿＿＿＿＿＿＿＿＿＿＿＿＿＿＿＿＿＿＿＿＿＿＿＿＿＿＿＿＿＿＿
＿＿＿＿＿＿＿＿＿＿＿＿＿＿＿＿＿＿＿＿＿＿＿＿＿＿＿＿＿＿＿＿＿＿＿＿＿＿＿
＿＿＿＿＿＿＿＿＿＿＿＿＿＿＿＿＿＿＿＿＿＿＿＿＿＿＿＿＿＿＿＿＿＿＿＿＿＿＿
＿＿＿＿＿＿＿＿＿＿＿＿＿＿＿＿＿＿＿＿＿＿＿＿＿＿＿＿＿＿＿＿＿＿＿＿＿＿＿

なぜ、興味をもったか：

＿＿＿＿＿＿＿＿＿＿＿＿＿＿＿＿＿＿＿＿＿＿＿＿＿＿＿＿＿＿＿＿＿＿＿＿＿＿＿
＿＿＿＿＿＿＿＿＿＿＿＿＿＿＿＿＿＿＿＿＿＿＿＿＿＿＿＿＿＿＿＿＿＿＿＿＿＿＿
＿＿＿＿＿＿＿＿＿＿＿＿＿＿＿＿＿＿＿＿＿＿＿＿＿＿＿＿＿＿＿＿＿＿＿＿＿＿＿
＿＿＿＿＿＿＿＿＿＿＿＿＿＿＿＿＿＿＿＿＿＿＿＿＿＿＿＿＿＿＿＿＿＿＿＿＿＿＿
＿＿＿＿＿＿＿＿＿＿＿＿＿＿＿＿＿＿＿＿＿＿＿＿＿＿＿＿＿＿＿＿＿＿＿＿＿＿＿
＿＿＿＿＿＿＿＿＿＿＿＿＿＿＿＿＿＿＿＿＿＿＿＿＿＿＿＿＿＿＿＿＿＿＿＿＿＿＿
＿＿＿＿＿＿＿＿＿＿＿＿＿＿＿＿＿＿＿＿＿＿＿＿＿＿＿＿＿＿＿＿＿＿＿＿＿＿＿
＿＿＿＿＿＿＿＿＿＿＿＿＿＿＿＿＿＿＿＿＿＿＿＿＿＿＿＿＿＿＿＿＿＿＿＿＿＿＿

意見・コメント：

_____

_____

_____

_____

_____

_____

_____

_____

_____

_____

調べる

① 図書館で調べる

　大学の図書館の場合、検索機能が備わった OPAC（Online Public Access Catalog）や大学独自の検索システムがあります。探したい図書や雑誌を探す場合は、書名や著者名を検索ボックスに入れて検索すると、図書館にあるかどうか、そして、あるならば、図書館のどこにあるかや図書の内容や図書の貸出し状況までが表示されます。ない場合は、その資料が、どこの図書館にあるかを調べ、所属大学の図書館を通して貸出しや複写の依頼をすることも可能です。また、探したいトピックがあり、どの図書や雑誌を調べればよいかわからない場合は、やはり、検索ボックスにそのトピックを入力して検索します。するとそのトピックを扱っている図書や雑誌がリストアップされます。

● エクササイズ 1

任意のトピックを一つ選び、OPAC で検索し、実際にその図書あるいは雑誌を借りて読んでみましょう。

② 雑誌論文を調べる

　雑誌論文を調べるのに役立つのが CiNii（サイニィ）です。日本で出版された雑誌論文を調べる場合には「CiNii Articles」というデータベースを使うと便利です。

　たとえば、日本の大学生は外国の大学生に比べて政治に無関心だと言われますが、それが本当かどうかを調べてみることにしたとしましょう。その場合、CiNii Articles で「大学生」「政治」「無関心」というキーワードを論文検索の「フリーワード」とあるボックスに入力します。その際、検索対象を「すべて」にしておきます。すると、次のような論文が提示されます。

村田　和博、「学生の政治的無関心に直面して─身近な社会問題を用いた講義」、『富山商船高等専門学校研究集録』、35 号、2002 年、71-78 頁。

山田　一成、「大学生の政治的無関心について─政治的リアリティの構成と再構成（1）─」、『社会労働研究』、42 巻 4 号、1996 年、227-244 頁。

居安　正、「若者の政治的無関心について─学生のリポートから」、『現代社会学』、21 号、1905 年、72-76 頁。

（本書推奨の文献表記法に従っていますので、実際の画面表示とは異なります。）

　2 番目の論文「大学生の政治的無関心について」のところには 機関リポジトリ という

ボタンがあります。これをクリックすると、雑誌を発行している機関の Web サイトにあるこの論文に関するページが開きます。その中に、この論文を電子化したものへのリンクがあるので、画面上で直接読んだり、ダウンロードしたりすることができます。 機関リポジトリ の他にも J-STAGE や CrossRef といったボタンがあり、論文本文にアクセスすることが可能です。

　ただし日本では学術論文の電子化が欧米や中国、韓国に比べて遅れているため、PC 上で閲覧可能な論文の数がかなり限られているのが現状です。電子化されていない文献を入手するには、最初の検索結果画面から読みたい論文のタイトルをクリックしてください。そうすると論文データの詳細が記されている画面が表示されます。ここから CiNii Books とある部分をクリックしてください。そうするとこの学術雑誌を所蔵している大学図書館の情報が表示されます。あとは論文のデータとこの所蔵館のデータを揃えて、自分が所属する大学の図書館へ行きましょう。大きな大学図書館でしたら「相互利用掛」などへ、そうでなければとにかくカウンターに行って、職員の方に「相互利用の申請をしたい」と告げてください。あなたの希望に応じて、先方の図書館での閲覧や複写依頼を行ってくれます。複写の入手は有料である場合がほとんどです。

　日本のみならず、世界各国で発行されている学術論文を検索するには Google Scholar が便利です。日本語でも検索でき、論文の要約を読むこともできます。また海外文献データベースと契約を交わしている大学も多くあります。所属の大学図書館の Web サイトや館内情報で、どのようなデータベースが使用できるかを把握しておくとよいでしょう。

● エクササイズ 2

次の疑問の中から関心のあるものを選び、その疑問に含まれるキーワードを CiNii Articles か Google Scholar で検索し、興味深そうな論文を読んでみましょう。さらに、日頃疑問に思うことがあれば、その疑問の中に含まれるキーワードを絞り込み、検索してみてください。

1）宇宙が存在する前は何が存在していたの？
　　 宇宙 　 始まり

2）血液型と性格とには関係性があるの？
　　 血液型 　 性格

3）世界のブログで使われている言語の中で 2 番目に多いのは日本語って本当？
　　 ブログ 　 日本語

4）日本の財政赤字って 1,000 兆円を超えているという話だけど大丈夫なの？
　　 日本 　 財政赤字

5）日本のアニメって外国でも人気があるって聞くけど、本当のところはどうなの？

| 日本 | アニメ | 世界 |

6) 石油は本当に生物の化石からできたものなの？
| 石油 | 非生物 | 炭化水素 |

7) スウェーデンでは公衆トイレも男女別になっていないって聞くけど、男女同権はどれくらい進んでいるの？
| スウェーデン | 男女同権 | 公衆トイレ |

③ 新聞記事を調べる

　日本には読売新聞、朝日新聞、毎日新聞、産経新聞、日本経済新聞の5紙の全国紙があります。また、各都道府県には地方紙と呼ばれる新聞があります。京都新聞や山形新聞、琉球新報などがそうです。それぞれの新聞がニュースを載せ、重要なものには論説を加えます。それを読むことによって、各紙がどのような見解を提示しているかがわかります。また、文化面やテレビ欄を読むことによって、時代の世相を垣間見ることができます。1年前の新聞なら図書館に保管されていますが、何十年も前の新聞になると各紙のデータベースを利用するのが便利です。通常データベースの利用は有料です。大学図書館の多くは何紙かと契約を結び、利用者に無料でデータベースが使えるようにしていますので、それを利用しましょう。

●エクササイズ3
自分が生まれた年月日の新聞を任意の全国紙のデータベースで調べ、どのようなことが起こっていたのか読んでみましょう。

④ 統計のデータベースで調べる

　各種の統計資料は以下のサイトのデータベースで探すことができます。
国立国会図書館
　・統計資料レファレンス・ガイド
　　http://rnavi.ndl.go.jp/business/post-1.php
　・統計の調べ方
　　http://rnavi.ndl.go.jp/business/entry/post.php
官公庁・業界団体
　・政府統計の総合窓口
　　http://www.e-stat.go.jp/SG1/estat/eStatTopPortal.do
総務庁統計局サイト
　　http://www.stat.go.jp/
世論調査と意識調査

・世論調査・特別世論調査（内閣府）
　　http://www8.cao.go.jp/survey/y-index.html
・世論調査インデックス（日本世論調査協会）
　　http://www.japor.or.jp/search/

基本的な各種統計
・日本統計年鑑
　　http://www.stat.go.jp/data/nenkan/
・日本の統計
　　http://www.stat.go.jp/data/nihon/index.htm
・世界の統計
　　http://www.stat.go.jp/data/sekai/index.htm

● エクササイズ4

1）次の項目について、ここにあげたサイトにアクセスして、最新の情報を入手してください。

　　① 日本と諸外国の大学進学率
　　② 日本と諸外国の学校教育における教員一人当たりの生徒数

⑤ Webで調べる

　Webで調べるときに、一番よく利用されるのが、ウィキペディアではないでしょうか。紙媒体の大きな百科事典で調べるより、確かに便利ですし、新しい項目についてもとりあげられています。しかし、論文やレポートを作成するときにウィキペディアを利用するのは好ましいとは言えません。その理由をまとめてみました。

1）ウィキペディアの利用法と問題点

　ウィキペディアの記事は必ずしも専門家が書いているわけではありません。辞書や専門書の中の記述であれば、著者と同等かそれ以上の専門家のチェックが入りますが、ウィキペディアではそうしたチェックが入りません。ウィキペディアの記述に問題がある場合でも、他の利用者によって、修正や削除されるまで放置されたままになります。しかも、その修正が必ずしも正しいとは限らないこともあります。そのため、ウィキペディアは信用に足る百科事典や専門書とは言えません。ウィキペディアからの引用を学術関連のレポートに載せることは避けましょう。実際、アメリカのいくつかの大学機関では、学生や院生に学術研究の出典としてウィキペディアの記事を引用することを禁止しています。ウィキペディアの創設者ジミー・ウェールズ自身もウィキペディアを学術研究の出典として利用するのを止めるよう訴えています。
　しかし、何かを調べるとき、ウィキペディアはとても便利なツールであることは事実で

す。レポートや論文を書く際、調べ物をするときにまず、ウィキペディアでチェックし、ウィキペディア上の記事の脚注や出典をチェックし、記事の根拠となる資料に直接目を通す習慣を身に付けましょう。こうした資料から調べたい事項についてどのような専門書を読めばよいかを知ることができます。

● エクササイズ5

ウィキペディアで「化石燃料」の項目を調べてみましょう。それと同時に"Oil is Not a Fossil Fuel"を調べてみましょう。多くの人は石油や石炭は植物や動物の化石が高温、高圧によって生成されたと思っていますが、近年の研究ではそれを否定する論文が発表されています。（T. Gold & S. Soter, "Abiogenic Methane and the Origin of Petroleum", *Energy Exploration & Exploitation*, Vol.1, 2, 1982, pp. 89–104. 参照）石油や石炭がどのようにして生成されるのかを自分自身で考え、ウィキペディアの「化石燃料」に関する記述が正しいかどうか判断してみることにしましょう。

2) インフォメーション・リテラシー

　ネット上ではコピー・アンド・ペースト、いわゆる「コピペ」が横行しています。ネット上の記事にも写真にも著作権があるのです。安易にコピペをすると、著作権の侵害に当たり、刑事責任を問われる場合もあります。

　創作した著作者の権利が発生するコンテンツを「著作物」と言います。著作権法では著作物を「思想又は感情を創作的に表現したものであって、文芸、学術、美術又は音楽の範囲に属するもの」と定義しています。具体的には、小説、講演、楽曲、絵画、地図、コンピュータ・プログラム、ビデオなどと幅広く、論文やマンガ、イラスト、アニメ、風景・肖像写真、映画、動画なども入ります。

　論文の場合は、引用した出典を明示すればよいのですが、もともと引用されることを想定していない小説や講演、イラストや写真などをコピペするときは、著作権者の了解が必要となります。

　著作権の保護期間は、著作者が著作物を創作した日から始まり、原則として著作者の生存している期間プラス死後70年間となります。映画の著作物は公表後70年と定められています。保護期間を過ぎた著作物は、公共財となり、自由に使うことが可能になります。ですから、ベートーヴェン（1770–1827）、夏目漱石（1867–1916）の作品は自由に使うことができます。しかし、ノーベル文学賞を受賞した川端康成（1899–1972）や《太陽の塔》で有名な岡本太郎（1911–1996）の作品を使うときは、遺族など権利継承者の許可が必要です。

　著作権は財産権であり、その保有者の権利を保護することが目的です。しかし、公共の福祉や教育、図書館運営などのことを考えて、例外規定が設けられています。その例外規定には次のようなものがあります。

　一つ目は「私的な目的のためのコピー」です。コピーする本人とその家族がテレビ番組を録画したり、音楽CDをダビングしたり、新聞記事や広告をコピーしたりする行為は「私的な目的」とみなされ、著作権者の許可を得なくてもコピーすることができます。

　二つ目は「引用」です。ただし、「公正な慣行に合致するものであり、かつ、報道、批評、研究その他の引用の目的上正当な範囲内で行なわれるものでなければならない」と著作権法に定められていますので、これを守らなければなりません。「公正な慣行」、「目的上正当な範囲内」の目安は以下の通りです。

1. すでに公表されている著作物であること
2. 「公正な慣行」に合致すること（例えば，引用を行う「必然性」があることや，言語の著作物についてはカギ括弧などにより「引用部分」が明確になっていること。）
3. 報道，批評，研究などの引用の目的上「正当な範囲内」であること（例えば，引用部分とそれ以外の部分の「主従関係」が明確であることや，引用される分量が必要最小限度の範囲内であること）
4. 「出所の明示」が必要（複製以外はその慣行があるとき）

（文化庁長官官房著作権課、『著作権テキスト〜初めて学ぶ人のために〜』、平成30年5月版、80頁より引用。）

　三つ目は学校法人などの教育機関や図書館におけるコピーです。知識の伝授を行う教育の実践現場や図書館では、著作権は大きく制限されます。著作権を厳正に運用するよりは、複製行為を許すことで、教育効果を高めることができるという考え方に基づいています。ですから、教室では書籍や新聞記事をコピーしたものを配布したり、録画したテレビ番組を使用したりしても許容されているのです。しかし、ドリルなど一人ずつが購入することが前提である参考書などを無断でコピーしたものを配布することは著作権の侵害になります。また、図書館でも複製は認められますが、書籍をまるごと一冊コピーすることは禁じられています。

　ブログやSNSでは、他人の作品や写真をコピペして無断で流通させる行為が横行しています。被害にあったと感じる人が「私の権利を侵害しています」と告発しない限り、事件になりにくいため、刑事責任が発生することが少ないようですが、注意が必要です。

　また公表権、氏名表示権、同一性保持権の三つの権利は「著作者人格権」と呼ばれるもので、たとえ著作物の保護期間が過ぎていても、守らなければならないとされています。公表権は未発表の著作物を公表する権利です。氏名表示権は著作物を公表する際に著作者名を表示したり表示しなかったりする権利です。そして同一性保持権は著作者の意に反する著作物の変更や切除などの改変を受けない権利です。大学内であっても、執筆者や作者である学生の意に反して、教職員が論文や美術作品などを勝手に公表、展示したり、氏名を表示しなかったりすることは許されません。

　著作権に類する権利として、肖像権があります。これは法律で明確に定められているものではありませんが、「無断で、または理由なく自分の顔や姿を撮影、描写、公表などされない権利」（『精選版　日本国語大辞典』、小学館、2005-6年）のことで人格権の一つです。

　著作権について正しい認識をもって、他者の財産権や肖像権を侵害したり、プライバシーを侵したりしないよう注意しましょう。

● エクササイズ 6

次のような場合、著作権がだれにあり、LINE やインスタグラムに載せる場合、だれに許可を得ればよいのでしょうか。正しい組み合わせを選んでください。

事例）レストランや居酒屋で、一緒に行った仲間との集合写真を自分のスマートフォンで店員に撮ってもらうことになりました。その写真を LINE とインスタグラムの両方に載せることにしました。

1）著作権は店員、許可を得るのも店員
2）著作権は自分自身、許可を得るのは店員
3）著作権は店員、許可を得るのは自分以外の写真に写っている全員
4）著作権は私自身、許可を得るのは店員と自分以外の写真に写っている全員
5）著作権は店員、許可を得るのは店員と自分以外の写真に写っている全員

● エクササイズ 7

学校の音楽の時間に先生が、今流行っているポップスの楽譜をコピーして配布することがあります。これは、著作権法からみて、許されるでしょうか。他方、正規の授業でないブラスバンド部や合唱部で、楽譜をコピーしても良いでしょうか。文芸部の人が、村上春樹の小説をコピーして読書会を開いてよいでしょうか。

1）音楽の授業のため、先生が楽譜のコピーを配布することはかまわない。
　　部活でも同様。
2）音楽の授業のためのコピー配布はかまわないが、部活ではだめ。
3）音楽の授業のためのコピー配布はだめ。部活では OK
4）楽譜をコピーして配布するのは、音楽の授業時間でも、部活でもだめ。

読む

① スキャニング

文献などの資料を読む際に必要な情報を探し出す読み方です。

● エクササイズ 1

下の文章を読み、キーワードとキーフレーズを探し、それぞれに下線を引きましょう。

　AIが一般企業に導入され、一般事務職だけでなく、高度な知識を必要とする専門職まで、多くの仕事が失われるという。現在、AIは経済や法律や建築などの専門領域で活躍の場を広げている。それだけではなく、音楽や絵画などクリエイティブな領域でも人が作ったような作品を生み出すことができるという。

　こうした状況にあって、重要なことはAIにはできないことを身に付けることである。つまり、生きていることの喜びを得ることである。こればかりは、AIが今後さらに進化を続けたとしても、習得することはできないだろう。なにしろAIには命がないのだから。

　ではどのように生きる喜びを得るかである。家族や友人に恵まれ、大学生活を楽しんでいる人は、今生きる喜びを感じているかもしれない。しかし、大学を卒業し、家族とも友人とも離れ、AIに負けないようハードな仕事についたとたん、生きる喜びを失ってしまうのではないだろうか。

　大学を卒業し、就職し、やがて退職し、老年を迎え、人生を終えるまで、生きる喜びを見出すことが大切なのである。そのためには、生涯にわたって続けられる良好な人間関係を築くことが必要になってくる。大学で一生の友を見つけることができれば、それ以上に幸せなことはないだろう。楽しいことだけでなく、悲しいことをも共有できる友がいれば、生きる喜びを終生もちつづけることができるであろう。

● エクササイズ 2

下の文章中から、次の数字を探し、下線を引きましょう。
　　1）2025年頃に不足する労働人口
　　2）外国人労働者を雇用することによって得られる労働人口
　　3）2014年のスウェーデンの女性の労働参加率

　団塊の世代が2025年頃までに後期高齢者（75歳以上）に達することによって、介

護・医療費などの社会保障費の急増が予想されている。これにともない税収入の減少、年金制度の崩壊などが懸念される。こうした一連の懸念材料が現実のものとなるかもしれないのが、2025年問題である。2025年には高齢者人口が約3,600万人に達すると推計され、労働人口の減少が予測されている。2016年に発表されたパーソル総合研究所の調査によると583万人の人手が不足するという。

そこで政府はさまざまな解決策を推進している。外国人労働者や高齢者や女性の活用、AIなどの新技術の導入がそれである。これらの策の中でもっとも効果が見込まれるのが、女性の労働力の活用である。パーソル総合研究所の試算によれば、外国人労働者を活用すれば、34万人、高齢者を再雇用すれば、167万人、AIなどによる生産性を向上すれば、114万人の労働者を創設することができるという。また、女性の労働参加率を現在の46％から2014年のスウェーデン並みの91.4％にまで引き上げれば、350万人の創出効果があるという。

② 速読

大量の文書を読むのには、ある程度のスピードが必要です。読むスピードは練習することでかなり速くすることができます。

視線をコンピュータの画面上のカーソルだと思ってください。そのカーソルを意識的に速く動かすことで、読むスピードが上がります。慣れてくれば、縦書きの文書の場合は、一度の縦の一行を視野に入れ、右から左にカーソルを移動させ、横書き文書の場合は一度に横の一行を視野に入れ、上から下へカーソルを移動させて読むことができるようになります。

もっとも、速く読むことができるようになっても、理解度が落ちるのであれば、意味がありません。速く読んで、しかも理解度を保つためには、知識が必要です。

全く専門外の内容の文章を読むより、内容についてある程度知っている文章を読む方が、より理解度が高く、しかも速く読めます。つまり、速く読むためには、知識の蓄積が必要なのです。知識が豊かになれば、さまざまな文章を速く読むことができるようになり、速く読めるようになると、より大量の知識を得ることができるようになります。

速読にはいくつかの方法があります。練習してみましょう。

1）タイムトライアル・リーディング

速く読もうと意識するだけで、読むスピードは確実に速くなります。同じ文章をより速く読もうと繰り返すことで、その文章を読むときだけでなく、他の文章を読むときのスピードが上がります。

● エクササイズ3

タイムを計って下の文章を3回黙読してみましょう。

みなさん、あたらしい憲法ができました。そうして昭和二十二年五月三日から、私たち

日本国民は、この憲法を守ってゆくことになりました。このあたらしい憲法をこしらえるために、たくさんの人々が、たいへん苦心をなさいました。ところでみなさんは、憲法というものはどんなものかごぞんじですか。じぶんの身にかかわりのないことのようにおもっている人はないでしょうか。もしそうならば、それは大きなまちがいです。

　国の仕事は、一日も休むことはできません。また、国を治めてゆく仕事のやりかたは、はっきりときめておかなければなりません。そのためには、いろいろ規則がいるのです。この規則はたくさんありますが、そのうちで、いちばん大事な規則が憲法です。

　国をどういうふうに治め、国の仕事をどういうふうにやってゆくかということをきめた、いちばん根本になっている規則が憲法です。もしみなさんの家の柱がなくなったとしたらどうでしょう。家はたちまちたおれてしまうでしょう。いま国を家にたとえると、ちょうど柱にあたるものが憲法です。もし憲法がなければ、国の中におおぜいの人がいても、どうして国を治めてゆくかということがわかりません。それでどこの国でも、憲法をいちばん大事な規則として、これをたいせつに守ってゆくのです。国でいちばん大事な規則は、いいかえれば、いちばん高い位にある規則ですから、これを国の「最高法規」というのです。

　ところがこの憲法には、いまおはなししたように、国の仕事のやりかたのほかに、もう一つ大事なことが書いてあるのです。それは国民の権利のことです。この権利のことは、あとでくわしくおはなししますから、ここではただ、なぜそれが、国の仕事のやりかたをきめた規則と同じように大事であるか、ということだけをおはなししておきましょう。

　みなさんは日本国民のうちのひとりです。国民のひとりひとりが、かしこくなり、強くならなければ、国民ぜんたいがかしこく、また、強くなれません。国の力のもとは、ひとりひとりの国民にあります。そこで国は、この国民のひとりひとりの力をはっきりとみとめて、しっかりと守ってゆくのです。そのために、国民のひとりひとりに、いろいろ大事な権利があることを、憲法できめているのです。この国民の大事な権利のことを「基本的人権」というのです。これも憲法の中に書いてあるのです。

　　　　（文部省　『あたらしい憲法のはなし』、実業教科書株式会社、1947年より）

2）ブロック・リーディング

　一文字ずつ読むのではなく、文字の塊、ブロック毎に読む読み方です。日本語はこのブロック・リーディングに適したライティング・システムを有しています。意味内容のある単語や語句（内容語）は漢字で表記され、冠詞や助詞や指示語や前置詞など（機能語）は、ひらがなで表記されます。そのため、視点を漢字に当てて、ひらがなは飛ばして読んでも、大体の意味内容をつかむことができます。

　次の文章中の漢字だけに注目して読んでみてください。

　　「実学」とは何かというと、生活に役に立つ学問のことだろう。『広辞苑』では次のような語義説明がされている。
　　　1　空理・空論でない、実践の学。実理の学。
　　　2　実際に役立つ学問。応用を旨とする科学。法律学・医学・経済学・工学の類。

これら実学に分類される学問は、たしかに実益をもたらす学問といえるだろう。
　では、この実学の対義語である「虚学」は何かというと、人々の生活に役に立たない学問ということになるのであろうか。たとえば、文学や芸術学や歴史学などがこれに含まれることになるのであろう。
　しかし、こうした学問が不要かと問われれば、否と答えなければならない。

　最初の一行中の漢字（実学　何　生活　役立　学問　広辞苑　語義説明）だけを読んでも、ある程度内容を理解することができたことでしょう。もっとも機能語の中にも読み飛ばしてはいけないものもあります。それは疑問を表す「だろうか」とか「ではないか」といったことばや、否定を表す「ではない」とか「ありえない」といったことばです。

● エクササイズ4
次の文章をブロック・リーディングで読んでみましょう。（太字は注意したい機能語です。）

　「天は人の上に人を造らず人の下に人を造らず」と言えり。されば天より人を生ずるには、万人は万人みな同じ位にして、生まれながら貴賎上下の差別**なく**、万物の霊たる身と心との働きをもって天地の間にあるよろずの物を資（と）り、もって衣食住の用を達し、自由自在、互いに人の妨げをなさずしておのおの安楽にこの世を渡らしめ給うの趣意なり。されども今、広くこの人間世界を見渡すに、かしこき人あり、おろかなる人あり、貧しきもあり、富めるもあり、貴人もあり、下人もありて、その有様雲と泥との相違あるに似たるは**なんぞや**。その次第ははなはだ明らかなり。『実語教』に、「人学ばざれば智なし、智なき者は愚人なり」とあり。されば賢人と愚人との別は学ぶと学ばざるとによりてできるものなり。また世の中にむずかしき仕事もあり、やすき仕事もあり。そのむずかしき仕事をする者を身分重き人と名づけ、やすき仕事をする者を身分軽き人という。すべて心を用い、心配する仕事はむずかしくして、手足を用うる力役はやすし。ゆえに医者、学者、政府の役人、または大なる商売をする町人、あまたの奉公人を召し使う大百姓などは、身分重くして貴き者と言うべし。
　身分重くして貴ければおのずからその家も富んで、下々の者より見れば及ぶべからざるようなれども、その本（もと）を尋ぬればただその人に学問の力あるとなきとによりてその相違もできたるのみにて、天より定めたる約束に**あらず**。諺にいわく、「天は富貴を人に与えずして、これをその人の働きに与うるものなり」と。されば前にも言えるとおり、人は生まれながらにして貴賎・貧富の別**なし**。ただ学問を勤めて物事をよく知る者は貴人となり富人となり、無学なる者は貧人となり下人（げにん）となるなり。
　学問とは、ただむずかしき字を知り、解（げ）し難き古文を読み、和歌を楽しみ、詩を作るなど、世上に実のなき文学を言うに**あらず**。これらの文学もおのずから人の心を悦ばしめずいぶん調法なるものなれども、古来、世間の儒者・和学者などの申すよう、さまであがめ貴しむべきものに**あらず**。古来、漢学者に世帯持ちの上手なる者も少なく、和歌をよくして商売に巧者なる町人もまれなり。これがため心ある町人・百姓は、その子の学問

に出精するを見て、やがて身代を持ち崩すならんとて親心に心配する者あり。無理ならぬことなり。畢竟（ひっきょう）その学問の実に遠くして日用の間に合わぬ証拠なり。

　されば今、かかる実なき学問はまず次にし、もっぱら勤むべきは人間普通日用に近き実学なり。譬（たと）えば、いろは四十七文字を習い、手紙の文言、帳合いの仕方、算盤の稽古、天秤の取扱い等を心得、なおまた進んで学ぶべき箇条ははなはだ多し。地理学とは日本国中はもちろん世界万国の風土道案内なり。究理学とは天地万物の性質を見て、その働きを知る学問なり。歴史とは年代記のくわしきものにて万国古今の有様を詮索する書物なり。経済学とは一身一家の世帯より天下の世帯を説きたるものなり。修身学とは身の行ないを修め、人に交わり、この世を渡るべき天然の道理を述べたるものなり。

（福沢諭吉　『学問のすすめ』1872 年より）

3）コラム・リーディング

　新聞や雑誌の記事は、たいてい段組になっています。こうした段のことをコラムといいます。コラムに収められた語句を行単位で一気に読む読み方がコラム・リーディングです。それぞれの行には日本語であれば、11 文字程度、欧文であれば、32 文字程度あります。コラムを一気に読むということは、本来縦書きの日本語であれば、それを右から左に視線のカーソルを移動させて読みます。横書きの欧文であれば、それを上から下へカーソルを移動させて読みます。内容についてあらかじめ理解していることや使われている語句を知っている場合にこの読み方で読めば、内容を理解し、しかも速く読むことができるようになります。

● **エクササイズ 5**

次の文章をコラム・リーディングで読んでみましょう。

> 　6月17日未明、東名高速道路浜松北出口付近の北行き車線において多重衝突事故が発生した。
> 　重傷者2名、軽症者4名が出たが、死者はなかった。
> 　原因は軽乗用車を運転していた男性（34）の前方不注意とスピードの出し過ぎであると警察は判断している。
> 　男性は産気づいた妻を病院に連れてゆくため急いでいたと言う。
> 　幸い後部座席に座っていた妻は、軽いむち打ち症を負ったものの、救急車で病院へ搬送され、無事女児を出産した。

③　アナリティカル・リーディング

　アナリティカル・リーディングは重要なところに注目することで、内容を速く理解することができる読み方です。ですから、大量の文書を短時間に理解しなければならないときに適した方法です。1ページ目から最後のページまで同じスピードで読むのではなく、何が重要であるかを瞬時に見極め、その部分だけを読むのです。

専門書を読む際、時間が限られていて、内容を把握しなければならないときには、次のステップを踏みながら読んで行くとよいでしょう。

1) まず、タイトル、サブタイトルを確認した上で、各章の見出しをチェックします。
2) イントロダクションがあれば必ず読みます。全体の内容や主旨が明示されているからです。
3) 各章の中で最も関心ある章から読み始めます。その章の第1パラグラフ（段落）を読み、その章の全体像をつかみます。
4) その章の最後のパラグラフを読みます。その章のまとめが書いてあるからです。
5) その章の第2パラグラフ以降は最初の文だけを読んでゆきます。パラグラフの最初には最も重要な文（トピック・センテンス）が通常置かれるからです。もっとも最初の文のあとに、「しかし」や「もっとも」といった逆接の接続詞が用いられている場合は、その逆接の接続詞から始まる文がトピック・センテンスになりますので、注意が必要です。
6) 各章のパラグラフの第1センテンスを読んでいて、重要であると思えば、そのパラグラフ全体を読みます。重要なトピックについての記述が続く場合は、後続のパラグラフも全文読みます。その際、キーワードに下線を引きます。重要なパラグラフについては要点をメモしておきます。
7) コンピューターに読んだ文献の著者名、タイトル、出版社、出版年、頁を記載し、その本の重要ポイントを記録しておきます。こうしておくと、後にレポートや論文を書くときに便利です。

④ クリティカル・リーディング

クリティカル・リーディングは批判的に読むということですが、必ずしも欠点や短所を探しながら読むことを意味しているわけではありません。書いてある内容を鵜呑みにせず、自分の知識と論理的思考を用いて、検証しながら読むことを指します。教科書や新聞に記載されている文章を読むときでも、正しいはずだという先入観を持たずに読む姿勢を身に付けましょう。

批判的に読む際には三つの立場があります。一つ目は賛成の立場です。自分自身で書いてある内容に納得すれば、肯定的な評価を下します。二つ目は反対の立場です。「事実」であることを証明する資料やデータに不備がある場合や論理の飛躍がある場合に、結論が正しいと判断できない場合には否定的な評価を下します。三つ目の立場は判断保留です。自分の理解を超えている場合や判断を下すには資料やデータが不足している場合にあえて評価を下さない立場を取ります。

クリティカル・リーディングは議論が反対・賛成に分かれている場合、とくに必要とされます。

次の文章をクリティカル・リーディングの方法で読んでみることにしましょう。

地球温暖化と二酸化炭素の関係性

　二酸化炭素の排出量増加が地球温暖化をもたらしているという説がさまざまなメディアで報じられ、有力視されている。地球の大気圏を構成する二酸化炭素、対流圏オゾン、メタンが温室効果をもたらしているのは事実である。太陽から放射された赤外線の一部を温室効果ガスが吸収し、地球を暖めているのである。温室効果ガスの中でも、人間がもっとも放出するのは二酸化炭素なので、二酸化炭素が地球温暖化の原因と考えられているのである。

　確かに過去100年ほどの気温のデータは右肩上がりであり、同時に二酸化炭素の排出量も右肩上がりである。地球の気温の上昇と二酸化炭素の排出量の上昇は相関関係があるといえる。

　しかし、二酸化炭素の増加は火力発電や自動車の排気ガスなど人間の経済活動によるものであると証明されているわけではない。火山活動や山火事、動物の糞やげっぷなどからも大量の二酸化炭素が排出されている。また、海水温度が上昇すれば、海水中の二酸化炭素が大気中に放散される。マグマの活動が活発になり、海水温度が上昇すれば、それに比例して二酸化炭素量が増加するのである。

　地球が誕生してから今日に至るまでの46億年間に現在より温暖化が進んでいた時期が何度もあった。現在はマグマの活動が活発になり、地表面及び海水面の温度が上昇している。その結果地上では山火事が多発し、海上では海水温が上昇して、二酸化炭素が増加しているのである。つまり、地球そのものが温暖化しているため、二酸化炭素が大気中に増加しているのである。

　ではなぜ、経済活動の活発化による二酸化炭素排出量の増加が地球温暖化の原因だと主張されているのだろうか。そこには、政府と業界との癒着がある。火力発電から原子力発電に転換し、ガソリン自動車からハイブリッド車や電気自動車に転換することによって、二酸化炭素の排出量を減少させ、地球温暖化を防ごうというのである。電力会社や自動車会社から多額の献金を受けている政府は、地球温暖化防止のため、二酸化炭素排出量を減らそうと呼びかけ、原子力発電やハイブリッド車、電気自動車を推奨するのである。

　上の文章中に引かれた三種類の下線は、＿＿が賛成を、＿＿が保留を＿＿が反対をそれぞれ表しています。ちなみに、「太陽から放射された赤外線の一部を」の部分は正しい記述とは言えません。「太陽光エネルギーを受けた地表面が放出する赤外線の一部」とする必要があります。また「そこには、政府と業界との癒着がある」という部分に反対の評価を下したのは、裏付けとなる資料が全くなく、断定的に述べられているからです。

　どのように下線を引くかは読み手によって異なるでしょう。自分の意見を明確にするためには、さまざまなデータや資料にあたり保留にした部分を検証する必要があります。

● エクササイズ6

次の文章をクリティカル・リーディングの方法で読んでみることにしましょう。
賛成には＿＿を、反対には＿＿を、保留には＿＿の下線を引いてください。

温暖化の主原因

　温室効果ガスの大気中の濃度が急激に増加してきている。二酸化炭素、メタン、一酸化二窒素、フロン類などからなる温室効果ガスのうち、二酸化炭素が地球温暖化の主原因である。地球温暖化の6割は、二酸化炭素の増加による影響と考えられている。とくに、日本においては、排出される温室効果ガスの9割以上は二酸化炭素である。

　18世紀に始まった産業革命により、石炭・石油・天然ガスなどの使用が急増し、大気中の二酸化炭素濃度は産業革命以前（1750年頃）に比べ急激に増加している。南極の氷をとって調査し、各年代の層に含まれる二酸化炭素量から当時の値を推定すると、産業革命前の1750年の二酸化炭素濃度は280ppm程度で産業革命までは二酸化炭素濃度の急激な増加は認められず、その濃度は安定していた。ところが、現在の二酸化炭素濃度は380ppmと3割以上も増加している。

　経済活動の活発化と二酸化炭素の増加のメカニズムは次の通りである。石油や石炭を燃やすと二酸化炭素が発生する。その一部は海洋や森林に吸収されるが、残りは大気中に貯えられる。また、森林の大規模な伐採によって、光合成で樹木に貯えられた二酸化炭素が大気に放出される。とくに20世紀の後半、経済活動は拡大し、それにともなって大気中の二酸化炭素濃度も大幅に増加したのである。

　現在、世界の総人口は66億人を超えている（総務省［世界の統計］）。1960年の30億人からわずか40年あまりの間に倍増し、21世紀の今も増加し続けている。1971年と2005年のデータを比較すると、一次エネルギー消費量および二酸化炭素排出量も約2倍に、経済発展を示す実質GDPはおよそ3倍に増えている（EDMC／エネルギー・経済統計要覧2008年版）。

　1990年代の10年間に大気中に排出された二酸化炭素の総量は炭素に換算して年間64億トン。そして森林伐採や焼き畑などの土地利用に由来する二酸化炭素排出量が16億トン。このうち26億トンは植物や土壌に吸収され、さらに22億トンが海洋に吸収されるので、残りの32億トンが毎年大気中に貯蔵されたと推定される。その後の2000〜2005年では、石油・石炭を燃やすことによって排出される二酸化炭素の量は年あたり炭素換算で72億トンに増加し、海洋と陸上生物圏に取り込まれた量を差し引くと、大気中の増加は年間41億トンと考えられている。二酸化炭素は簡単には分解しない物質なので、大気中の二酸化炭素量は年々増え続けることになる。

　このように、産業革命以降、特に20世紀後半になって、大気中の二酸化炭素濃度が著しく増加したことが明らかになった。他方、地球の46億年にわたる歴史において、大きな気候変動の波があることがこれまでの研究で示されている。この100万年の間には、氷期と呼ばれる寒冷期と間氷期と呼ばれる温暖期とが10万年おきに繰り返されている。現在は、約1万年前に最後の氷期が終わったあとの間氷期にあたり、比較的暖かい時期にあたる。

　現在の温暖化には、こうした大きな気候変動や火山の噴火、太陽活動の変化などの自然要因が関与していることは事実である。しかし、近年「大気大循環モデル」と呼ばれる気候モデルを使って、温暖化の原因を推定することが可能になってきた。まず、火山の噴火

や太陽の活動などの自然要因に限って計算した場合、気温の変化はどうなるかをグラフにする。次に、二酸化炭素などの温室効果ガスの増加という人為的な要因だけだったらどのような気温の変化が現れるかをグラフにする。どちらも、実際の観測データとは一致しないが、双方を合わせて計算すると、過去の実際の気温の変化を高い精度で再現することができるのである。

　このように20世紀後半に観測された地球温暖化現象は人間の活動によってもたらされた可能性が非常に高い（90％以上）、と研究者たちは結論づけている（IPCC第4次評価報告書［2007年]）。

⑤　耽読

　耽読とは、夢中になって本を読み耽ることです。自由な時間が与えられた大学生活中に、読書の喜びを身に付けましょう。良書は多くの知識や異なる視点を与えてくれたり、いろいろなことを考えさせてくれたりするだけではありません。日常の世界とは違う世界を繰り広げ、興味深い人物を登場させ、読み手に驚きや感動を与えてくれる本もあります。

　在学中に読んでおくべき良書を何冊か紹介しましょう。

生命の不思議を追求した本
　・リチャード・ドーキンス『利己的な遺伝子』
　・福岡伸一『動的平衡 ―生命はなぜそこに宿るのか』

神の存在を追求した本
　・遠藤周作『沈黙』
　・田川建三『イエスという男』
文明の不思議を追求した本
　・ジャレド・ダイアモンド『銃・病原菌・鉄』
日本文化の本質を追求した本
　・山本七平『空気の研究』
人間の成長を追求した本
　・宮本輝『蛍川』
人間性の本質を追求した本
　・ダニエル・キース『アルジャーノンに花束を』
　・アゴタ・クリストフ『悪童日記』
　・ジョン・スタインベック『怒りのぶどう』
　・ヴィクトール・フランクル『夜と霧』
　・フョードル・ドストエフスキー『カラマーゾフの兄弟』
　・マルタン＝デュガール『チボー家の人々』
　・トーマス・マン『魔の山』

・三島由紀夫『豊饒の海』

● エクササイズ 7

下の例を参考にして、今まで読んだ本の中で、お薦めのものをみんなに紹介しましょう。

書名	『カラマーゾフの兄弟』
著者	フョードル・ドストエフスキー
刊行年	1880 年（初版）
出版社	新潮文庫、岩波文庫、光文社
ジャンル	小説
お薦め度	★★★★★
内容	父親（フョードル）殺しが中心的な筋。長男ドミートリィは、感情的で、情緒が不安定。彼には婚約者（カテリーナ）がいるが、父親が思いを寄せる女性（グルーシェニカ）を愛している。父親と長男は村の利権をめぐって対立しており、さらにグルーシェニカをめぐって、いがみ合う。ドミートリィは婚約者から借りていた 3,000 ルーブルを返済し、婚約を解消した上で、グルーシェニカと結婚したいと考えている。ところが、ある日、父親は何者かによって撲殺され、父親が管理していた 3,000 ルーブルが消える。　当然疑われるのは、ドミートリィであり、父親殺しの罪で逮捕され、裁判にかけられる。しかし、真実は意外な方向に展開してゆく。その展開には、頭脳明晰な無神論者である 次男（イワン）や純粋無垢な修道僧である三男（アレクセイ）、そして、召使として扱われているフョードルの庶子（スメルジャコフ）が、絡んでくる。
コメント	すべての小説の中で一番と目される『カラマーゾフの兄弟』は推理小説、心理小説、恋愛小説、裁判小説などの要素を含んでいる。さらに、「神はいるのか、いないのか？」、「いるとすれば、神がいるはずのこの世界で、何故、悪が存在するのか？それはいったい、何のためなのか？」といったキリスト教的な倫理観に対する違和感を、徹底的に追求した物語でもある。それ以外にも 現代人にとっても重要なテーマが語られている。

考える

① 問いを設定する

　何かについて疑問を抱くということが、学問の始まりです。たとえば、「人を殺してはいけないということは当たり前のことで、殺人罪に関する刑法第199条に罰則も書いてある」と言って、殺人の是非について何の疑問も抱かなければ、考えるということもしません。しかし、「なぜ人を殺してはいけないのか」という疑問を抱くと、いろいろなことを考えなければなりません。「人はどの段階で人と認識されるのか」、「胎児は人と認識されるのか、それとも母体から産み落とされた時点で人と認識されるのか」、「家畜は殺してもいいのに、なぜ人は殺してはいけないのか」、「人の命は尊いというがその根拠は何なのか」、「知性が人を尊いとするのなら、知性が全く欠如していたら、どうなるのか」等々。これらの問いは、生物学、哲学、倫理学、法学、歴史学などさまざまな領域で展開されうるものです。さらに、当たり前となっている制度に疑問を抱けば「戦争時の殺人はなぜ許されるのか」、「死刑という国家による殺人はなぜ許されるのか」という問いも生じるでしょう。

　脳の発達が著しい3歳児は、「どうして？」「なんで？」と質問し、周囲の大人を困らせます。逆に言えば、疑問を抱かなくなれば、精神的発達が止まってしまったも同然と言えるでしょう。

　また、疑問を抱き、問いを設定することが、論文を執筆する際の第一歩にもなります。ここでは論文を書くにあたって、どのように疑問点を見つけ、その疑問点をどのように絞り込めばよいかについて考えてみることにしましょう。

　まず、疑問点を見つけたら、すでにだれかが同じ疑問点を見つけ、その答えを出していないかどうかを調べなければなりません。そのために、先行する研究を網羅的に検索して調べる必要があります。

　答えがすでに出されている場合には、その答えが妥当なものかどうか、かりにその研究がなされた当時においては妥当だとしても現時点で妥当と言えるかどうか等を検討しなければなりません。

　もし、疑問に思ったことに先行研究で十分納得がゆく答えが出されていなければ、それを論文の論点にすることができます。

● エクササイズ1

「なぜ人を殺してはいけないのか」という問いについて、各自で考えてから、それをもとにグループ・ディスカッションをしてみましょう。

② 既成の事実を疑う　批判的思考法

　物事や情報を無批判に受け入れるのではなく、さまざまな角度から検討し、論理的・客観的に思考することです。この思考法はメディア・リテラシーの中核的要素でもあります。批判的思考をする際の判断基準は以下の通りです。

- ・「事実」と推論や解釈の結果である「見解」を区別する。
- ・根拠としての事実が本当に信頼できる事実なのかを検討する。
- ・妥当な論理に基づいているかを検討する。
- ・結論には現実性、妥当性があるかどうかを検討する。
- ・このような検討過程において先入観や状況の特異性などが影響を及ぼしていないかどうかを検討する。

次に情報から下される見解がなぜ間違っているか検討してみることにしましょう。
　スウェーデンやデンマークの飲用牛乳類の消費量は日本の３倍以上（日本酪農乳業協会）であるのに、西欧諸国の人たちの大腿骨けい部の骨折が日本人の２〜６倍あることが研究データから明らかになっている。それゆえ、牛乳を多く消費すると骨折しやすくなる。

　まず、事実と推論を分けてみることにしましょう。
事実：① スウェーデンやデンマークの飲用牛乳類の消費量は日本の３倍以上
　　　② 西欧諸国の人たちの大腿骨けい部の骨折が日本人の２〜６倍ある
推論：① 牛乳を多く消費すると骨折しやすくなる。

　次に、根拠としての事実が本当に信頼できる事実なのかを検討してみることにしましょう。

検討項目：① スウェーデンやデンマークの二国だけを取って、西欧諸国とは言えない。
　　　　　② スウェーデンやデンマークの人たちが飲む牛乳と日本人が飲む牛乳の成分が同じだとは言えない。
　　　　　③ 研究対象になったスウェーデン人とデンマーク人、および日本人の性別、年齢が明らかになっていない。
　　　　　④ 研究対象になったスウェーデン人とデンマーク人、および日本人の体型、特に大腿骨の骨密度や長さについて明らかになっていない。

　スウェーデン人やデンマーク人、それに日本人にしても乳製品だけを摂取しているわけではありません。また、骨折するかしないかは生活様式や運動量なども考慮しなければなりません。それにもかかわらず、この推論は飲用牛乳類の消費量の違いだけをもとに導き出されています。これでは妥当な論理に基づいているとは言えません。

　また、牛乳が必ずしも体によくないという根拠があいまいな情報が流れ、この推論を下すときに影響があったかもしれません。

　実は大腿骨けい部の骨折が起こりやすいのは、大腿骨の長さにあると考えられています。西欧人に比べて、日本人は大腿骨が短いので骨折しにくいのかもしれません。もっともこの推論が正しいかどうかは、適切な研究資料をもとに正しく導きだされたものであるかどうかにかかっていることは言うまでもありません。

● エクササイズ2
次の死刑制度存続賛成の見解について批判的思考法を用いて考察してください。

平成6年9月及び平成11年9月に実施した総理府世論調査並びに平成16年12月に実施した内閣府世論調査においても、「死刑がなくなった場合、凶悪な犯罪が増えるという意見と増えないという意見があるがどのように考えるか」との質問に対し、「増える」と回答したものが過半数を占めていたこと等から、死刑が犯罪に対する抑止力を有することは、広く認識されていると考えられる。ゆえに、凶悪な犯罪の増加を防ぐためにも、死刑制度は存続されるべきである。

③ 二者選択をする　比較衡量法

　比較衡量法は法律にかかわる判断を下すときに用いられる思考法です。二者選択をする際、それぞれのメリット、デメリットを計算し、比較し、よりメリットの大きい方を選ぶという方法です。

　たとえば、2時間かけて通学するか、下宿するかについて判断を下さなければならないとき、考えられる双方の要件を挙げ、具体的な判断材料を整えて、より良い決断を導き出します。

　もう少し具体的に見てみましょう。

検討要件

通学　通学時間：片道2時間、往復4時間
　　　定期券代：32,940円（1か月）

下宿　下宿代：48,000円　アルバイト：32,000円（1日4,000円×8日）
　　　食事代：18,000円

　比較衡量法では想定されるあらゆる要件を検討に加えます。通学の場合、定期代に約33,000円かかり、下宿の場合、下宿代と食事代を合わせて66,000円かかります。しかし、通学に使っていた一日4時間8日間をアルバイトに充てるとすれば、下宿の場合の一か月の支出は通学する場合のそれとほぼ同じになります。もっとも、下宿を始める際の敷金や冷蔵庫、ベッドなどの購入費を考慮に入れなければなりません。また、エネルギーの消費も要件に加えなければなりません。通学の場合、電車やバスの中で座れるのか、混雑した

車内で立っていなければならないのかを考慮します。一方、下宿の場合、自炊や洗濯など相当なエネルギーを必要とします。さらに安全性や自己の自立といった成長面も考慮しなければなりません。こうした要件を比較検討して、最善の決断を下します。

● エクササイズ 3

次の例のうち一つの二者選択肢を選び、比較衡量して、一者を決めましょう。

例1） 選択肢1　運動系のクラブに入る
　　　 選択肢2　文科系のクラブに入る

例2） 選択肢1　週4回程度のアルバイトをする
　　　 選択肢2　長期休暇にアルバイトをする

● エクササイズ 4

まだまだ先の話ですが、将来の選択肢を二つ選び、比較衡量をして、その内の一つを選びましょう。どの選択肢を選ぶ際にも、なるべく多くの要件を挙げて下さい。そのために、まず調査が必要になります。また、重要なことは、あなた自身の幸せや満足度は何によって満たされるのかを知っておくことが必要になります。つまり、あなたはどのようなことに幸せを感じるのか、人生に何を求めるのかを認識しておかなければなりません。

例1） 選択肢1　企業に就職する
　　　 選択肢2　大学院に進学する

例2） 選択肢1　大手メーカーに就職する
　　　 選択肢2　中小のベンチャー企業に就職する

④ 解決策や新しいアイデアを見出す　ブレインストーミング

　脳の中を嵐が吹きまくるような感じで、次から次へと新しい考えを提案する思考法です。通常は数人で行います。
　まず、ブレインストーミングの基本的な四つのルールを紹介しましょう。

　ルール1　自由に発言する
　ルール2　批判しない
　ルール3　質よりも量を重視する
　ルール4　アイデアを関連付ける

　ブレインストーミングに参加する人は思いついたら、何の気兼ねもせずに、自由に発言します。突拍子もないアイデアや実現不可能なアイデアがでてきても、「そんなばかな」とか「そんなの無理」などと批判的な発言をしてはいけません。アイデアを出し合うときは、その質など考えずにとにかくできるだけたくさん出そうとしてください。一つのアイ

デアに触発されて、それに関連したアイデアを出してゆくと方向性が明らかになることがあります。

　実際にブレインストーミングを進めるときには、司会進行役と書記役を決め、アイデアが出てきたら、すべてホワイトボードなどに書いていきます。あらかじめ制限時間を決めておき、時間が来たら、整理してゆきます。その際、実現可能性という観点を判断基準にしてもいいですし、発想のユニークさの観点を判断基準にしてもかまいません。

● エクササイズ5

大学の図書館を学生にとってより魅力的なものにするにはどうすればいいでしょうか。4、5名でグループを組み、ブレインストーミングをしてアイデアを出し合いましょう。実現可能性の観点から順位をつけて整理しましょう。他のグループの整理されたアイデアも書き出して、文書にし、大学当局に提出してみましょう。

● エクササイズ6

大学の食堂を学生にとってより魅力的なものにするにはどうすればいいでしょうか。4、5名でグループを組み、ブレインストーミングをしてアイデアを出し合いましょう。実現可能性の観点から順位をつけて整理しましょう。他のグループの整理されたアイデアも書き出して、文書にし、大学当局に提出してみましょう。

⑤ 新たな展望を開く　思考の転換法

　今までとは違う考え方をすることによって、事象を見つめ直します。それによってそれまでの価値観に代わる新しい価値観を生み出します。また、それまでの価値観にとらわれていた自己を客観的に見ることによって、自己を新たな高みに到達させることができます。

　たとえば、グラスに水が半分入っているとします。その分量を少ないとみれば、「半分しか残っていない」と思い、その分量を十分だとみれば、「まだ半分もある」と思えます。水の量はグラスの容量の何分の1を占めるかではなく、今の自分にとって必要な水の量はどれぐらいなのかを考える契機にもなります。

　長い人生の中には絶望するような経験をすることもあるでしょう。そのようなときに失敗したことや失ったことを悔いているばかりでは、新たな展望は開けません。コンサートピアニストとして活躍していた舘野泉氏はコンサート中に倒れ、右手の自由を失います。普通の人なら、ピアニストとしての生命が絶たれるわけですから、絶望してしまいます。しかし、舘野氏は失ったものより、今あるものに可能性を見出しました。リハビリと練習を重ねて、左手だけで演奏するコンサートピアニストとして復活されました。

● エクササイズ7

次のような事態にあなたが直面したと想定してください。今までとは違う考え方をすることによって、自分自身にとってプラスになるように思考の転換を図ってください。

事例1）アルバイト先の店長は短気で些細なことで怒り出します。あなたの小さなミスでも機嫌が悪いと怒鳴り散らします。バイトを辞めるという選択肢はあえて取らず、どうしたらアルバイトを続けられるかを考えてみて下さい。

事例2）必修科目を落として、留年が決定してしまい、大学で5年間過ごすことになりました。さあ、どのような思考の転換が可能でしょうか。

整理する

① 情報を整理する

1）コンピューターを使って情報を整理する

① クラウドを利用して論文用ノートを作る

　　情報の保存や整理だけでなくタスク管理にも優れているのが、インターネット上のサービスです。たとえば、Evernote というサービスでは、自分の「ノート」を作り、保存したい情報をそこに入れておくことができます。「ノート」に保存した情報の重要性をアンダーラインやハイライトで明示したり、ToDo リストを作成したり、表にまとめたりといった作業もできます。また、新たに Web などから得た情報やスマートフォンに記録していたアイデアを「ノート」に転送することもできます。その際、PDF ファイルや写真、動画さらに音声ファイルなども添付できます。タイトルを付けて複数の「ノート」をまとめると「ノートブック」ができあがります。インターネット上のサービスのメリットは、どこからでもアクセスできることです。共同で報告書やレポートを作成する際には、情報を共有できる「Share」を設定することもできます。注意すべき点は、自分の「ノート」や「ノートブック」を他者が閲覧できるようにするのか、あるいは機密にするのかをきちんと分けておくことです。

② 読書カードを作る

　　あらかじめ、読書カードの書式を設定しておけば、整理するのに便利であるだけでなく、論文執筆時の引用や参考文献リスト作成のときにも役立ちます。この Evernote を利用して読書カードを作ることもよい方法でしょう。

例）

著者名	書名	出版社	出版年
大久保喬樹	『日本文化論の系譜』	中公新書	2003
要旨	明治以降に流入した西欧文化を絶えず意識しながら、日本人は自らの文化を論じてきた。比較文化論的視点から、日本と日本人について考察。		
引用	天心は西欧近代文明の枠組みがもはや制度疲労を起こしていることを察知していた。「それを打開してゆく新たな地平は、西欧に対する東洋、近代に対する近代以前の文明に求められる」p. 49.		

2）紙媒体を使って情報を整理する

① 論文やレポートのための情報カードの作り方

　論文やレポートを執筆する際に、集めた情報を紙媒体で保存・管理することにもいくつかのメリットがあります。一つ目は論文やレポートの進捗状況に応じて、整理し直すのが簡単なことです。論文やレポートのトピックが決まった段階では、関連する論文や文献のコピーなどをできるだけ多く収集します。タイトルが決まった段階では、集めた資料を取捨選択し、必要な資料があることがわかれば、さらに収集活動を続けます。章立てが決まった段階では、章ごとに資料を分類し、さらに重要な個所をアンダーラインやハイライトで明示しておきます。章ごとにクリアファイルに入れて保存・管理しておくと便利でしょう。

　二つ目は紙媒体でしか読むことのできない先行研究論文を整理しやすい点です。日本では研究論文や文献はその一部しか電子化されていませんので、それらを読み、保存するためにはコピーを取っておく必要があります。重要な個所にはアンダーラインを引いたり、付箋を付けておいたりすると便利でしょう。

② 思考を整理する

1）論文・レポート執筆時における思考を整理する

① タイトルの設定をするとき

　タイトルを設定する際、考えておかなければならないことは、何を目的として論文を書くのか、また論文で扱う範囲が自分の能力や費やすことのできる時間を超えていないかどうかです。たとえば、「大学において語学教育は必要か」というタイトルを設定した場合、すべての外国語を扱うとすれば、調査に膨大な時間が必要となるでしょう。英語に限定した場合でも、授業内容は検定英語対策のものから英文学を扱うものまでさまざまあり、それらの授業において受講生が求めるものも異なるでしょう。そこで「大学において検定英語対策授業は必要か」というタイトルをつけることにします。その際、改めて考えておかなければならないことは、何を目的としてこのタイトルの元で論を展開するかということです。検定英語対策授業をカリキュラムから削除することを訴えるのが目的でしょうか。あるいは知性を高め教養が身につくような別の授業を設定することを訴えることが目的でしょうか。もし、主張すべき点があいまいならば、論点が一見おもしろそうなものでも考え直す必要が生じます。自分が主張したいことは何か、自分が扱える範囲内に論点がしぼりこまれているかどうかを整理しておきましょう。

② 章立てをするとき

　いろいろなことを調べたり、考えたりする過程で思考が拡散することがあります。その結果、読み手にはテーマとの関連性が薄いと考えられる情報や見解が文章中に入り込むことがあります。章立てをする際に、章立てごとのタイトルを設定し、そのタイトルと関連性の薄い情報や見解を含む文章は削除するか、脚注か尾注に回します。

③ 結論を導き出すとき

　結論に至る論証が十分できているかどうかを確認するためには読み直す作業が必要不可欠です。執筆者の頭の中では論理的な展開があったとしても、読み手にとっては説明が不十分であったり、裏付けとなる論証が脆弱であったりすることがあります。読み手の立場に立って、思考を整理して、客観的に納得の行く結論を導き出すべきです。

2）対人関係における思考を整理する

① ラベリングの更新

　対人関係において、Aさんは○○という性格の人だとか、Bさんは友人関係を結ぶに値しない人だとかといったラベリングをします。しかし、AさんやBさんの言動を注意深く観察していると、そのラベリングを修正する必要が生じることがあります。その際、思考を整理して、AさんやBさんのラベリングを更新しなければなりません。そうすることによって、コミュニケーションをする相手のことをより的確に評価することができます。対人関係における思考の整理をしておかないと、尊敬に値しない人のことを慕いつづけたり、親友になれたかもしれない人とのコミュニケーションを避けたりするようなことが起きてしまいます。

② 思考の「可視化」

　悩み事の大半は対人関係の問題から派生すると考えられています。頭の中で堂々巡りの考えに無駄な時間とエネルギーを費やすのをやめて、考えを整理してみましょう。それには悩み事を紙に書きだしてみるとよいでしょう。思考を目に見えるようにすることによって、冷静に客観的に悩み事を見つめ直すことができるようになるはずです。

③ 自己評価とアイデンティティの修正

　対人関係において自分自身がどのような人間として評価されているのか、また、人との係わりにおいて何に価値を置き、何を求めているのかをさまざまなステージで考え直す必要があるでしょう。大学入学時と就職活動時では自分自身についての評価やアイデンティティも変化が生じていることでしょう。その変化に応じて、自分自身に関する認識を整理し、更新しておかなければ、自分がどのような人間になろうとしているのかが明確になりません。

3）生活における思考を整理する

　PDCAサイクルを日常の生活に取り入れて、思考を整理することを勧めます。PDCAはPlan（計画）、Do（実行）、Check（評価）、Action（改善）の略で、その4つのサイクルを繰り返すことで生産性を高め、作業効率を高めることができます。自分自身をプロデュースし、自分という品質を向上させるために、PDCAサイクルを利用するのです。自分をどのようにプロデュースするか、そのための計画を練り、その計画を実行し、どの程

度実行できたかをチェックし、計画通り行かなかった場合にはその原因は何であったのかを検討します。たとえば、国際性を身に付けた自分をプロデュースするために、留学を計画するとします。その計画の実行には語学力の向上や日本や留学先の国についての知識の集積などが含まれることでしょう。それぞれの実行にあたっても、さらに PDCA サイクルを導入します。たとえば、TOEFLiBT で 100 点以上を取るにはどうすればよいか計画を立て、その計画に沿って英語学習をして、成果があったかどうかをチェックします。

　PDCA サイクルは、向上心を維持し、目標を達成するのに役立つことでしょう。

伝える

① メール

1）メールの基本的なルール　その1

① 最初に名乗る

　　友人や家族とのメールやラインの受送信では受信時にだれからのメッセージである
かが表示されるために、わざわざ名乗らないのが普通だと思います。しかし、フォー
マルな場面では、必ず最初に名乗らなければなりません。

（例）

○○大学の嵐山です。

先日は就職の相談に乗っていただき、誠にありがとうございました。

② 半角カタカナや記号（機種依存のもの）は使わない

　　半角カタカナは受け手の環境によっては文字が変化してしまうことがあります。記
号も注意。●■※☆△のような普通のものは大丈夫だが、丸で囲った数字や株式会社
マークなど機種依存文字は受け手の環境によっては違う文字に変換されることがあり
ます。

③ 差出人（from）を氏名（フルネーム）にする

　　メールソフトの設定画面の「名前」か「差出人」「from」のところで、
「Arashiyama Hanako」「嵐山華子」など、氏名をフルネームで設定しましょう。

（例）

嵐山華子〈メールアドレス〉

④ 初回のメールは、どこの部署の誰に宛てたメールかを明記

　　どこの部署の誰に宛てたメールかを明記するほうが礼儀正しく、出したい相手に確
実に届きます。相手のアドレスがその人の所属部署共用の場合は、誰宛てのメールか
を明記する必要があります。

（例）

株式会社○○○○

人事部採用担当　○○　○○様

⑤ **件名を明記**

　件名は本文の内容を簡単にまとめたことばに、（カッコ）をして所属と名前を書きます。スパムメールが氾濫している今日、件名が「はじめまして」や「相談です」だけだと読まれる前に消去される恐れがあります。「メールの内容」及び「メールの発信者」が分かる件名にすればよいでしょう。

（例）

「先輩訪問のお願いについて（○○大学○○学部・嵐山華子)」

「1次面接の感想とお礼（○○大学○○学部・嵐山華子」)

「会社訪問のお礼と感想（○○大学○○学部・嵐山華子)」

⑥ **あいさつのことば**

　メールでは手紙の場合のように、時候の挨拶は不要です。拝啓・敬具や前略・草々も用いません。もっとも「はじめまして」「お世話になっております」などのあいさつのことばは必要です。

（例）

はじめまして。○○大学○○学部○○学科○年生の、

嵐山華子と申します。

⑦ **一行の長さ**

　一行の文字数を全角で35文字以内にします。一行が長いと、読みにくくなります。読みやすいように、ちょうど良い文節で改行することも大切です。一行文字数を設定するとよいでしょう。

（例）

○○大学○○学部の嵐山です。

先日は就職の相談に乗っていただき、誠にありがとうございました。

御社での仕事内容を詳しく知ることができ、大変ためになりました。

⑧ **本文は簡潔に**

　本文はできるだけ手短に書きましょう。長いと全文を読んでもらえないかもしれません。

⑨ **自分の連絡先をきちんと記す**

　氏名・学校名・住所・電話番号・携帯番号・メールアドレスを文章の最後に書くことが常識です。フォーマルなメールは名刺代わりにもなります。相手がメールではなく、電話で連絡を取ろうとする場合もあります。自分の連絡先（署名）はメールソフトで簡単に設定できます。

（例）

＊＊

○○大学○○学部○○学科○年生

嵐山華子（あらしやま　はなこ）

〒 661-4567

京都市右京区嵯峨五島町 1-23-45

携帯電話：090-1234-5678

e-mail: arashiyama-hanako@kyoto-saga.ac.jp

2）メールの基本的なルール　その 2

① CC（カーボンコピー）と BCC（ブラインドカーボンコピー）の使い分け

◇　CC（カーボンコピー）

同じ内容のメールを複数のアドレスに送るときに使います。CC の場合は宛先全員に送信先アドレスが表示されるので、誰にメールを送ったのかを伝えることができます。メールを送る相手が互いに知り合いであり、メールアドレスも知っている場合に用います。

（例）友人同士の飲み会

◇　BCC（ブラインドカーボンコピー）

CC 同様、同じ内容のメールを複数のアドレスに送るときに使います。BCC の場合は送信者全員に送信先アドレスが表示されません。そのため、送り先の個々のアドレスを全員が知らないなら、個人情報保護のために、BCC を使うべきでしょう。

（例）ゼミなど同じ授業をとっている友達と知り合いに連絡をとる場合。

② 添付ファイルの決まりごと

相手は必ずしも送信する添付ファイルを読めるとは限りません。マイクロソフト社のワードのファイル（拡張子：docx）やエクセルのファイル（拡張子：xlsx）などは大抵の場合、読めますが、パワーポイントのファイル（拡張子：pptx）やアドビ社のフォトショップやイラストレータのファイル（拡張子：psd, ai）の場合は読めないことがあるので、事前に相手に確認する方が良いでしょう。

デジタルカメラで撮った写真などを大量に送信したり、動画を送信したりする場合も相手の容量のことを考え、事前に確認した方がよいでしょう。

またアップル社の Mac の標準機能で zip 圧縮したファイルを Windows マシンで解凍すると、ファイル名が文字化けしてしまいます。

Mac でファイルを送る場合は圧縮しないか、web のファイル転送サービスを使うと良いでしょう。

③ メーリングリストの決まりごと

メーリングリスト（以下、ML）を使う場合、常に複数の人が読んでいることを忘

れてはいけません。ML のメンバーが共有している情報が何であるのかを意識して、みんなに分かる内容の文書を送ることが大切です。

　個人の誹謗中傷は厳禁です。メンバーの携帯番号などの個人情報を勝手に記載することもルール違反です。

④ 送信の確認

　メールはさまざまな理由（アドレスの入力ミス、相手先のメールボックスが一杯、メールサーバーの不具合、添付ファイルの容量オーバーなど）で必ずしも相手に届いているとは限りません。重要なメールを送る場合は必ず、送信できたかどうかを確認するべきでしょう。受信ボタンを押すと、「Returned mail: 〜」のようなタイトルのメールが戻ってくることがあります。また送信済みのボックスを開けると、今送ったメールが送信できているかどうか確認できます。

　送信内容が重要であり、時間的な制約がある場合は、相手が受信できたかどうかを最終的には電話で確認する方が無難でしょう。

⑤ 受信したメールはすぐに返信

　返信メールはすぐに書くことが大事です。「メールの返事がすぐ来る人」は「仕事ができる人」であり、「メールの返事をすぐ書けない人」は「仕事のできない人」と思われることがあります。時間がなくてメールを送れなかったというのは言い訳にすぎないと思われてしまいます。

● エクササイズ1

指導教員に大学で学びたいことや将来の計画などについてメールを送りましょう。

② 手紙とはがき

　現在では電話、メール、ラインなど簡単に情報の交換や意思の疎通を図れるメディアが発達してきたので、はがきや手紙を書く機会が少なくなってきました。結婚式や同窓会の案内など限られた場合に手紙やはがきが用いられているようです。そういった時代だからこそ、感謝や謝罪や依頼などを相手に伝えたいときに手紙やはがきを用いるとその誠意が伝わりやすくなります。

　手紙とはがきの基本的な書き方とルールを学んで、実際に書いてみましょう。

1) 手紙とはがきの基本的書き方とルール

　手紙（封書）とはがきは、内容と出す相手によって使い分けます。正式には封書を出し、略式のときははがきを出します。目上の人に宛てる場合、改まった依頼、お詫びなどの重要な用件には、封書を用います。年賀状や暑中見舞い状をはじめ、季節の挨拶状などは一般にはがきを用います。

① **手紙の基本構成**

構成	例
頭語　（「拝啓」「謹啓」など）	拝啓

時候の挨拶・安否伺い　　梅雨の晴れ間には、嵐山の緑を吹き抜ける風が夏の到来を告げているようです。先生におかれましてはますますご清祥のことと存じます。

本文　　このたび、私は○○大学○○学部に入学し、日々楽しく大学生活を送っております。まだ１年生ではありますが、将来を見据え、進むべき方向を検討しております。他の級友と同様、就職活動をすべきか、研究者を目指し、進学するべきか、岐路に立っております。

つきましては、先生にご相談し、ご意見を賜ることができればと願っております。お忙しいとは存じますが、一度先生のお宅にお邪魔してよろしいでしょうか。

この月末に帰省の予定です。ご都合をお聞かせいただければ幸いです。

結びのことば　　末筆ながら、ご自愛のほどお祈り申し上げます。

結語（「敬具」、「謹白」など）　　　　　　　　　　　　敬具

日付　　　　　　　　　　　○○年○月○日

署名　　　　　　　　　　　　　　　　　　　　　嵯峨山一郎

宛名　　　　　　　　　桂　大五郎様

② **はがきの書き方**

住所

　目上の方や取引先で他都道府県の住所へ送るときは、都道府県名から記載しましょう。番地などの数字は、縦書きには一般に漢数字を使います。

敬称と肩書き

　肩書きは会社や組織の中での社会的地位であり、敬称は差出人からみて相手がどのような関係であるかを表します。会社などの個人に宛てるときは、社名や部署名には敬称を付けず、名前にのみ敬称を付けます。肩書きに敬称は付けません。「社長様」「部長様」と書くのは間違いです。会社の部署などに宛てるときは、部署名のみに「御中」を付けます。

　（例）
　○○株式会社 △△部 部長 伊藤 隆盛様
　○○株式会社 △△部御中
　○○株式会社御中

③ 差出人の住所氏名

　　縦書きの場合、切手幅か郵便番号枠幅内に収めます。差出人の住所の名前は、一般に表面に記載しますが、裏面に記載してもかまいません。引っ越したときは、住所が変わったことを一言書き添えるといいでしょう。

● エクササイズ2

同窓会の幹事になったつもりで、同窓生に案内状を出しましょう。

● エクササイズ3

目上の人へ手紙を送りましょう。

③ 電話

　　電話はメールと異なり、同時に意思の疎通を図ることができます。また、相手の声や息遣いから、ある程度相手の感情を読み取ることができます。しかし、電話は相手を拘束することになりますので、時間や相手の置かれている状況などをよく考慮した上で、通話をする必要があります。

1）電話をかけるとき

　　まずは自分の所属と名前を告げます。
　　（例）○○○大学○○○学部１年生　桂　花子と申します。

　　次に用件を告げ、担当者に取りつなぐよう依頼します。
　　（例）○○新聞に○月○日に掲載されていたボランティア募集について伺いたいことがあるのですが、担当者の方とお話できないでしょうか。

　　通話の相手がわかっている場合は、相手の都合を尋ねます。
　　（例）御社のインターンシップについてお伺いしたいことがあるのですが、今よろしいでしょうか。

　　相手にお礼を伝えます。
　　（例）お忙しいところ、お教えいただき、ありがとうございました。

● エクササイズ4

ペアを組んで、一人は就職している先輩役、一人は就活中の学生役になって、次の要件を電話で伝えてみましょう。
・先輩の会社訪問をしたい旨を告げる　・いつどこへ行けばよいかを尋ねる

④ プレゼンテーション

1）よいプレゼンテーションに必要な要件

① トピックが聴衆にとって興味深いこと

　　トピックを選択できる場合は、聴衆の関心や好みをあらかじめ知っておく必要があります。トピックを選択できない場合は、いかに聴衆に興味を抱かせるかが重要になります。

② トピックと聴衆の関心事を関連づけること

　　発表者の関心事を中心にプレゼンテーションをしたのでは、聴衆は興味をもって聞いてくれません。トピックと聴衆の関心事との関連性を見つけておかなければなりません。

③ 新しい情報があること

　　聴衆に驚きを与えるような情報があれば、聴衆は自然と興味をもって聞いてくれるはずです。

④ 説得力があること

　　意見や考えを提示する際には、その裏付けとなる資料やデータが必要です。

⑤ 論理的に展開されること

　　問題の提示、問題の原因や背景の説明、問題の解決法を順序よく展開する必要があります。

⑥ 結論が聴衆に支持されること

　　結論が少数の人にしか支持されないようでは、よいプレゼンテーションとはいえないでしょう。場合によっては聴衆自らが結論を下せるよう導いてもよいでしょう。

2）よいプレゼンテーションのための心得

① プレゼンテーションソフトを使用する場合はスライドを厳選

　　統計などの資料を提示するときにはパワーポイントのようなプレゼンテーションソフトが威力を発揮します。しかし、口頭での説明で十分なことまで、スライドで提示する必要はありません。プレゼンテーションではアイコンタクト（発表者と聴衆との視線が交わること）が重要です。スライドに頼りすぎるとアイコンタクトが少なくなり、発表者と聴衆の一体感が削がれます。

② ハンドアウトを用意する

　　発表者の氏名や所属、テーマや重要な専門用語の説明などはハンドアウトに記載する方がよいでしょう。また発表で用いた統計資料のソースや参考文献がハンドアウト

に記載されていれば、聴衆は後でそのソースや文献にあたることができます。

③ 大きい声で明瞭にゆっくり話す

　小さい声や不明瞭な発音では聴衆は聞いてくれません。緊張すると早口になることがありますが、あがらずにゆっくりしゃべるように心がけましょう。

④ 常に聴衆を見る

　原稿を読んでいたのでは、棒読みになり、聴衆は興味を失ってあまり聞いてくれません。聴衆に語り掛けるように発表しましょう。そのためには、発表の手順や重要事項を記したメモを用意し、それをときどき見る以外は、常に視線を聴衆に向けておきます。

⑤ 時間内に収めるよう、タイムを計って練習する

　通常、プレゼンテーションをする場合は時間制限があります。その制限内に収まるようタイムを計って繰り返し練習してみましょう。

⑥ 常に笑顔を心がける

　練習する際には鏡の前で行い、表情もチェックしましょう。準備をしっかりし、練習を重ねておけば、ゆとりがうまれ、自然な笑顔で発表することができるでしょう。

3）ハンドアウトを用意する

　ハンドアウトにはプレゼンテーションのタイトル、発表者の情報、キーワード、発表内容、資料、参照などを記載しておきます。通常 A4 または A3 サイズで聴衆の人数分プラス予備数枚を印刷して用意します。プレゼンテーションで用いた論文や資料の「参照」をハンドアウトに記載しておくと、聴衆は後でその論文や資料を読むことができます。授業でプレゼンテーションを行う場合は、原稿を教員に渡し、印刷を依頼してもいいでしょう。

　（例）

公共屋内では喫煙を禁止すべきである
―― 飲食店での完全禁煙をめざして ――

　　　　　　　　　　　　　　　　　　　　　　　　○○学部○○学科 1 年
　　　　　　　　　　　　　　　　　　　　　　　　　　　嵐山　華子
　　　　　　　　　　　　　　　　　　　　　　　　20 ○○年○月○日

　1　飲食店ではなぜ禁煙が必要か
　2　受動喫煙の健康被害の根拠
　3　先進諸国での実態

4　効果のない「全面禁煙に代わる対策」

キーワード
　受動喫煙：　副流煙と呼出煙を非喫煙者が吸い込むこと

1　飲食店ではなぜ禁煙が必要か
　　受動喫煙による健康被害が大きいと考えられたため、2020年4月に健康増進法が改正され、飲食店での喫煙が制限。
　　しかし、経営規模の小さい店舗では現行のルールが継続された。

2　受動喫煙の健康被害の根拠
　　（主流煙に含まれる成分を1としたときの副流煙に含まれる成分の対比）
　　ニコチン（血流を悪化）　　：2.8倍
　　タール（ヤニ、発ガン）　　：3.4倍
　　一酸化炭素（酸素不足）　　：4.7倍
　　アンモニア（目を刺激）　　：46.0倍
　　ベンツピレン（発がん）　　：3.4倍
　　ニトロソアミン（発がん）　：31.0倍
　　非喫煙者にとって、服や髪の毛についたたばこのにおいは容易に落ちず、不快であり、喘息を引き起こす可能性

3　先進諸国での実態
　　　2007年世界保健機関（WHO）による受動喫煙防止のための政策勧告
　　PROTECTION FROM EXPOSURE TO SECOND-HAND TOBACCO SMOKE
　　　　　　　　Policy recommendations
　　　　　　ⒸWorld Health Organization 2007

世界の受動喫煙の規制情況

	日本	韓国	ドイツ	中国	米国	英国	ロシア
医療機関	×	×	×	×	×	×	×
小中高校	×	×	×	×	×	×	×
職場	△	△	△	×	×	×	×
ホテル・旅館	△	△	△	×	×	×	×
飲食店	△	△	△	×	×	×	×

4　効果のない「全面禁煙に代わる対策」
　　空調システムは、ほとんどの場合、タバコ煙で汚染された空気を非喫煙区域に再

89

循環させる仕組みになっている。目に見えない有害物質は非禁煙区域でも滞留している。

結論

完全屋内禁煙法の実施によって、飲食サービス業界などに経済的悪影響が生じたところはなく、かえって売り上げが増える場合もある。小規模飲食店を含め、公共の屋内では完全禁煙にすべきである。

参照

・厚生労働省ウエブサイト　受動喫煙対策

https://www.mhlw.go.jp/stf/seisakunitsuite/bunya/00

・世界保健機関

http://www.who.int/tobacco/resources/publications/wntd/2007/pol_recommendations/en/index.html

・『日本経済新聞』、2018 年 10 月 16 日朝刊

● エクササイズ 5

関心のあるトピックを選択し、疑問点を見つけ、先行研究を調べ、考えをまとめた上で、ハンドアウトを作成し、プレゼンテーションをしてみましょう。

書く【応用編】

① 調査報告

調査報告書にはいくつかの種類があります。アンケート調査結果の報告書、介護実習や教育実習などの体験についての報告書などがあります。

1）アンケート調査報告

報告書では以下の項目について簡潔にまとめしょう。

① アンケート調査の目的

目的を明確に定め、アンケートに協力してくれる人たちにもそれを明示しなければなりません。

② アンケート調査項目

調査項目の選定がアンケート結果の信憑性の鍵となります。アンケートから得たい結果を導き出すような項目の設定をしていたのでは、結果の信憑性が疑われます。また、答えを誘導するような文言を質問に挿入してはいけません。たとえば、「一般的にはあまり良くないと思われている～についてお聞きします」などと質問の頭につける文言だけで回答は変わります。

例）放射能汚染が問題となっている原発について質問します。
　　あなたは原発による発電に賛成ですか。　はい　・　いいえ

③ アンケート調査対象者

全数調査ではなく、サンプリング調査にする場合は、調査対象を選ぶ際に恣意的にならないよう注意する必要があります。そのため報告書ではどのように調査対象者を選んだかを述べておく必要があります。

またアンケート対象人数をどのように設定したかを記載します。人数はそのアンケートの精度の目安になるからです。サンプル数は多ければ、多いほど実態をより正確に把握できますが、時間や費用がかかります。一方少なければ、実態とアンケート結果の間に誤差が生じます

④ アンケート調査方法

記名方式か無記名方式かを定めます。また設問方式として選択式か自由記述式かあるいはその混合かを選びます。

⑤ 集計方式

　ソフトウエアを利用した場合はそれを明記しなければなりません。

⑥ アンケート調査実施時期

　調査する時期によって、集計結果に大きな差が出てくることがあります。たとえば、原発事故に関するニュースが流れた直後に原子力発電を支持するか否かのアンケートを実施すれば、反対を表明する人が増え、原油価格の高騰や原油輸入量の制限に関するニュースが流れれば、原子力発電を支持する人が増える傾向にあります。

⑦ 集計結果

⑧ 分析結果

2） 体験報告

　教員の指示により、何らかの体験をし、それを報告書にまとめて提出するよう求められることがあります。また、教職課程を履修していれば、教育実習の報告書の他に介護を体験し、それを報告する必要があります。大学によって、フォーマットが定められていることが多いようです。報告すべき内容は、体験した日付、場所、施設名、事前準備、体験した内容、体験から得たことや感想です。簡潔にまとめることが大事です。

② ブックレビュー

　課題図書を読んで、図書の内容を要約した上で、自分の見解を述べます。

　ブックレビューを書く目的で本を読もうとすると、普通の読み方で読んでいた時には気づかなかった著者の意図や見解を理解し、さまざまな点について深く考えるようになります。また、それによって、課題図書を設定した教員の授業内容をより深く理解することができるでしょう。

1） タイトルとサブタイトル

　タイトルには、課題図書名を明示し、その本の中心的テーマを表すキーフレイズを取り込むとよいでしょう。必要に応じて、ブックレビューの中心的内容がわかるサブタイトルを付けます。

（例）

課題図書　『空気の研究』

なぜ日本人はその場の空気に左右されるのか

　──　絶対的権威としての空気を重んじる日本社会　──

2） 内容要約

　まず、その本の著者が一番主張したいことは何かを読み取ります。それをテーマに沿っ

てまとめます。内容を要約する際、本から引用してもかまいません。

（例）

　著者はまず、「空気」とは何かについて考察をはじめ、次のように述べている。「それは非常に強固でほぼ絶対的な支配力をもつ『判断の基準』であり、それに抵抗する者を異端として、『抗空気罪』で社会的に葬るほどの力をもつ超能力であることは明らかである」（山本、2008 年、22 頁）。

3）自分自身の意見の展開

　感銘を受けたり、考えさせられたりした点に焦点を当て、自分の意見を展開します。このときも、本から引用してかまいません。

（例）

　何らかの意思決定をする際にその場を支配する「空気」はどこの国にもあると著者はいう（山本、2008、56 頁）。続いて著者は問題の所在を次のように述べている。「問題は、その『空気』の支配を許すか許さないか、許さないとすればそれにどう対処するか、にあるわけである。」（山本、2008、56 頁）。著者は太平洋戦争時に無謀な戦艦大和出撃を決定する際に、「空気」が絶対的な支配力を持ち、それに反対する論理的かつ現実的な意見を沈黙させてしまったと例証している（山本、2008、17–21 頁）。

　著者のいう「空気」は現代の日本においても顕在している。小学校や中高等学校の閉鎖的な教室において、いじめが生じるのは、この「空気」の支配力によるものであろう。いじめを扇動する一グループ内の「空気」はやがて教室全体に広がり、いじめを受けている生徒を養護するような言動を排除してしまうのである。外国であれば、その「空気」に抗して、「いじめをやめろ」と発言できる生徒がいるのであろう。それができないところに、日本の閉鎖的な村社会における特異性があると言えるだろう。

4）出典

　最後にブックレビューを書く際に用いた本や参考にした本の図書情報を記載します。

（例）

山本七平、『空気の研究』、文春文庫、1983 年。
山本七平、『一下級将校の見た帝国陸軍』、文春文庫、1987 年。

● エクササイズ 1

課題図書が設定されていれば、それを選び、そうでなければ関心のある領域の本を任意に選び、ブックレビューを書いてみましょう。

③　論文

1）調査報告・レポートと論文の違い

　本来、調査報告やレポートは研究調査結果をまとめた報告書のことを指します。一方、論文あるいは論文の縮小版ともいうべき小論文は、論点を設定して客観的な事実を挙げな

がら論証し、結論を導き出した文章を指します。調査報告書やレポートでは研究調査結果の客観的事実に重点が置かれるのに対し、論文あるいは小論文では結論に至るまでの事実に基づいた筆者の考察に重点が置かれます。

　大学において課題として提出を要求される「レポート」は、小論文のことを意味していることがあります。その点が不明瞭な場合は、調査報告書か小論文なのかを教員に確認する必要があります。

2）論文の構成
① 表紙
　　大学指定のものがあれば、それを用い、なければ通常の用紙に以下の項目を記入します。
　　・タイトル　・サブタイトル　・所属　・学生番号　・氏名　・提出日

② 序論
　　「はじめに」とすることもあります。

③ 本論
　　結論に至る考察やそれを裏付ける根拠を述べる部分が本論で、いくつかの章で構成されます。

④ 結論
　　論点についての回答部分です。本論で述べたことがまとめられています。

⑤ 参考文献リスト
　　引用した文章や参考にした文献の書誌情報を明記した部分です。

⑥ 各種資料
　　図表や写真図版などです。

3）タイトル、サブタイトルの設定
　タイトルはその論文、小論文の論点を明示し、その内容がわかるものでなければなりません。サブタイトルは結論を明示したものが好ましいでしょう。そうすれば、その論文や小論文では何を論点として論が展開され、結論として何が提示されるのかが、一目でわかるからです。
　（例）　×　「成人年齢の引き下げについて」
　　　　　○　「成人年齢を 18 歳に引き下げることによる問題点
　　　　　―　商取引の責任を果たすだけの経済力があるか否か　―」

4）序論の設定

序論には通常以下の内容が含まれます。

- ・問題提起　　なぜ、この論点を設定するに至ったのか、あるいはなぜ、この論点に関心を持つようになったのかを述べます。
- ・先行研究　　同様のテーマ、近いテーマで行われた過去の研究の成果をまとめ、さらに、それらの内容についてコメントします。
- ・論文の構成　論文がどのような構成になっているか、また、論点を巡ってどのように考察するかについての手順を述べます。
- ・議論の範囲　どの点に焦点を当てて議論が展開されるか、あるいはどの点については言及しないかなどをあらかじめ議論の範囲を明示します。

（例）　　成人年齢を20歳から18歳に引き下げる民法の改正が行われる。その影響範囲はきわめて広範におよぶことが予想される。たとえば、18歳で成人になれば、クレジットカードやローンの契約などを行うことができることになる。その際、問題は生じないのだろうか。

　　　この問題についてはすでに広井が「成人年齢引き下げ問題　─大人の始まりとしての成年制度へ─」（広井多鶴子　2009）の中で取り扱い、18歳成人が限定的無能力者であることに変わりがないことを認識しつつ、権利を与えると同時に保護する必要性もあると述べている。しかし、クレジットカードやローンの契約に係わる具体的な問題については言及していない。

　　　この問題点を明らかにするために、本稿ではまず、成人年齢を規定している民法第4条の改正の経緯を検討したのち、18歳に成人年齢が引き下げられたときに生じるであろうさまざまな問題点について精査する。その中でも商取引における経済的責任を果たすことができるかどうかに焦点を当て、議論を進める。最後に、経済的に親に依存する大学生が多い現実において、問題が生じた場合はどのように対処すべきかについて考える。

　　　海外では18歳を成人とする国が多数を占め、本稿で扱う問題がすでに生じている。諸外国でのケースを例に取ることは有益であると考えるが、本稿ではこの点に言及しない。日本の大学生の精神的成熟度が必ずしも諸外国の学生と同等であると判断できないからである。

5）章立ての設定

論点を軸に論理的に本論を展開するためになくてはならないのが、章立てです。

論の展開の仕方に応じて、章立ての仕方も変わります。たとえば、問題の指摘とその概要→問題点の明確化→原因の考察→問題の実態→問題の解決策という論の展開をするのであれば、第1章で問題の概要を述べ、第2章で問題点を明らかにし、第3章で問題の背景にあることや問題の原因について究明します。そして第4章でその対応策を論じます。

必要に応じて、各章の下により小さい区分である節を、さらに小さい区分が必要なときは項を設定して論を展開します。

（例）第1章　法務省の進める成人年齢に関する法改正の概要
　　　第2章　18歳を成人にすることによる問題点
　　　　第1節　18歳で成人になった際における商取引の問題点
　　　　第2節　20歳成人による商取引の問題の実態
　　　第3章　18歳で成人になった際における商取引の知識と経済力

　一般的に流布している主張に対して、自らの反論を展開する場合には、第1章でその主張の提示、第2章でその主張に対する疑義の提示、第3章で反論とそれを裏付ける事実の提示という展開で論を進めます。

（例）第1章　消費税増税の反対理由を問う
　　　第2章　消費税増税の反対理由の検証
　　　　第1節　ポピュリストの選挙公約としての消費税増税反対
　　　　第2節　経済状況悪化を懸念しての消費税増税反対
　　　第3章　日本の消費税と先進諸国の消費税の実情
　　　　第1節　消費税増税に対する選挙民の反応における先進諸国との比較
　　　　第2節　消費税増税時の経済対策における先進諸国との比較

6）結論の提示

　結論部分では、本論で展開してきたことを集約し、論点についての考えをまとめます。疑問点や問題点に対して回答や解決策を提示できない場合は、なぜできなかったかを述べます。
　（例1）　18歳で成人になるまでに実際に経済活動に従事し、ある程度の経済的責任能力がない限り、商取引の責任能力はないと言わざるを得ない。そのため、18歳で成人になると認めたとしても、本人の意思だけでクレジットカードやローンの契約はできないとするべきである。

　（例2）　18歳で成人になるまでに実際に経済活動に従事し、ある程度の経済的責任能力がない限り、商取引の責任能力はないと言わざるを得ない。しかし、18歳成人が行った商取引による負債問題の実態が明らかになっていない現時点においては、本人の意思のみによるクレジットカードやローンの契約を可とするか否かの結論は保留する。今後、問題の実態調査を実施し、問題が生じたときの対応策を練るべきである。

7）引用の仕方
① 引用の目的
　　引用が必要な時は次の二つの場合があります。
　　・自説を補強するため
　　　先行する研究結果によって自分の説や見解を補強することができれば、説得力

を増すことができます。
・反論を展開するため
　反対意見を示すことで、批判の対象が明らかになり、反論するときの方向性が明らかになります。

② 引用の方法

　自分で書いた文章と引用した文章との違いを明瞭にしなければなりません。その方法は引用文の長さやスタイルによって異なります。どの方法を選ぶかは、指導教員の指示に従ってください。指示がない場合は、好きな方法・スタイルを選び、終始一貫してその方法・スタイルを用いるようにしてください。

　最初に「参考文献リスト」を作成します。引用のたびにリストに追加するようにしてもかまいません。作り方は「8）　参考文献リストの作成の仕方」を参照してください。

（a）短い直接引用
　著者名（出版年）「引用文」（引用したページ番号）の順に示します。
　（例）ボズウェル（1999）は、「ダーウィンの『種の起源』で最も重要な要素は適者生存による自然淘汰である」（148頁）と述べている。

　「引用文」（著者名、出版年、引用したページ番号）の順に示すこともできます。
　（例）「ダーウィンの『種の起源』で最も重要な要素は適者生存による自然淘汰である」（ボズウェル、1999、148頁）という考え方は、白人の知的優位性が主張される際にしばしば援用されてきた。

（b）長い直接引用
　引用が長くなる場合は、下記の例のように本文との間に一行分スペースを空け数文字分行頭を下げます。一重カギカッコは用いません。
　（例）政治、経済、文化をはじめあらゆる領域で西欧の文明が他の文明より優位にあるということを主張する際に、しばしばダーウィンの『種の起源』が持ち出される。たとえば、J.P.ボズウェルは『西欧の隆盛』の中で次のように述べている。

　　　　ダーウィンの『種の起源』で最も重要な要素は適者生存による自然淘汰である。16世紀以降、ヨーロッパ人がアジア大陸、アフリカ大陸の多くの地域を植民地化しえたのは、ヨーロッパ人がアジア大陸やアフリカ大陸においても適応を進化させた結果なのである。その過程で少数民族や小国家が消滅したのは、自然淘汰による帰結である。
　　　　（ボズウェル、1999、148-49頁）

この見解の根底には人種による知的遺伝子の優位性あるいは劣等性という考えがある。しかし、人種差別に結び付くこうした考えには科学的根拠がないことがすでに証明されている（P. Williams, 2014）。

（c）短い間接引用
　引用文を提示せず、参照したことだけを示すときに用います。参照した部分が多い場合は、通常間接引用を用いず、直接引用を用います。著者名、出版年（直接引用していないのでページ番号は書きません。）
（例）文明の先進性を考察する場合、病原菌に対する耐性が人種によって異なることも考慮しなければならないと D. キートンは述べている（キートン、2001）。

（d）脚注でリストアップする引用
　引用部分が出てきた順に引用文の最後の文字の右肩に小さいフォントで番号を記します。その番号と著者名、出版年、引用したページ番号を脚注で記載します。

（例）政治、経済、文化をはじめあらゆる領域で西欧の文明が他の文明より優位にあるということを主張する際に、しばしばダーウィンの『種の起源』が持ち出される[1]。たとえば、J.P. ボズウェルは『西欧の隆盛』の中で次のように述べている。

　　ダーウィンの『種の起源』で最も重要な要素は適者生存による自然淘汰である。16 世紀以降、ヨーロッパ人がアジア大陸、アフリカ大陸の多くの地域を植民地化しえたのは、ヨーロッパ人がアジア大陸やアフリカ大陸においても適応を進化させた結果なのである。その過程で少数民族や小国家が消滅したのは、自然淘汰による帰結である[2]。

　この見解の根底には人種による知的遺伝子の優位性あるいは劣等性が存在するという考えがある。しかし、人種差別に結び付くこうした考えには科学的根拠がないことがすでに証明されている[3]。

---

1. T. S. Spears, *The Evolutions of Human Societies*, London, 2011, p. 324.

2. J. P. ボズウェル、『西欧の隆盛』（山上淳一訳）、開明堂出版、1999 年、148–49 頁。

3. P. Williams, *Racism and the Theory of Evolution*, Princeton, 2014, pp. 37-38.

(e) 尾注でリストアップする引用

　引用部分が出てきた順に引用文の最後の文字の右肩に小さいフォントで番号を記します。その番号と著者名、出版年、引用したページ番号を結論の後に「注」としてリストアップします。

例)

注

1. T. S. Spears, *The Evolutions of Human Societies*, London, 2011, p. 324.

2. J. P. ボズウェル、『西欧の隆盛』山上淳一訳、開明堂出版、1999 年、148-49 頁。

3. P. Williams, *Racism and the Theory of Evolution*, Prinston, 2014, pp. 37-38.

(f) 引用に関するその他の注意点
・Wed サイト等からの引用は、その URL を書きます。記載されている内容が随時更新されることもあるので閲覧日時も記しておく必要があります。
・新聞からの引用は、新聞紙名、朝夕刊の区別、日付、版、第何面かを書きます。

8) 参考文献リストの作成の仕方

　参考文献の記載の仕方は学問分野によってスタイルが異なります。指導教員の指示に従ってください。指示がない場合は、以下におもなスタイルを例示しますので、任意に選んでください。

① SIST02 スタイル

　科学技術振興機構（JST）が定めたもので、自然科学系の論文で採用されることが多いスタイルです。
著者名. 書名. 版表示, 出版社, 出版年, ページ数,（シリーズ名, シリーズ番号).
（例）小林康夫、大澤真幸.「知の技法」入門. 第 1 版, 河出書房新社, 2014, 229.

② APA スタイル

　アメリカ心理学会のスタイルを応用したもので、心理学系の論文で採用されるスタイルです。
著者名（出版年）. 書名. 出版社, シリーズ名. ページ数.
（例）小林康夫、大澤真幸（2014).『「知の技法」入門』, 河出書房新社. p. 229.

③ MLA スタイル

　アメリカ現代言語協会のスタイルを応用したもので、言語学、文学系の論文で採用されるスタイルです。
著者名. 論文名. 書名. シリーズ名. 出版社,（出版年）：ページ数.

（例）小林康夫、大澤真幸.『「知の技法」入門』. 河出書房新社,（2014）：229.

④ 本書推奨スタイル
書籍
　和書
　　　著者名、『書名』、出版社、出版年。
（例）池上俊一、『ヨーロッパ中世の宗教運動』、名古屋大学出版会、2007 年。
　　　縦書きの場合は漢数字を使います（以下同様）。

　翻訳書
　　　著者名、『書名』（翻訳者名）、出版社、出版年。
（例）A. C. ダントー、『ありふれたものの変容：芸術の哲学』（松尾大訳）、慶應義塾
　　　大学出版会、2017 年。

　洋書
　　　著者名,　書名,　出版地,　出版年.
　　　書名はイタリック（斜体）にし、区切りはコンマとピリオドを使います。
（例）M. Bergstein, *The Sculpture of Nanni di Banco*, Princeton, 2000.

論文
　日本語論文
　　　著者名、「論文名」、『掲載誌名』、巻号、発行年、頁。
（例）小形道正、「ファッション・デザイナーの変容：モードの貫徹と歴史化の行方」、
　　　『社会学評論』、67 巻 1 号、2016 年、56–72 頁。p. ではなく頁（ページ）を使い
　　　ます。

　欧文の論文
　　　著者名,　"論文名",　掲載誌名,　巻号,　発行年,　頁。
（例）E. Gurney, "Thomas More and the problem of charity", *Renaissance Studies*,
　　　Vol. 26, No. 2, 2012, pp. 197-217.
　　　論文名はダブル・クォーテーション（""）でくくり、掲載誌名はイタリック
　　　（斜体）にします。区切りはコンマとピリオドを使います。1 ページだけで終わ
　　　っているものなら p. を、複数ページにわたっているなら pp. を使います。p. は
　　　page の省略形、pp. は pages の省略形です。

● エクササイズ 2

次の本の 123 ページから 124 ページにまたがる文章を引用したとします。下記の奥付を
もとに、本書推奨スタイルで引用の出典を書いてください。引用番号は 1 番とします。

銃・病原菌・鉄　　下巻

2012 年 2 月 10 日　第 1 刷発行
2018 年 4 月 18 日　第 29 刷発行
著者　　　ジャレッド・ダイアモンド
訳者　　　倉骨　彰
発行者　　藤田　博
発行所　　株式会社　草思社
〒 160–0022　東京都新宿区 1-10-1

9）コンピューター使用時の注意

　数字やアルファベットの入力には原則として半角を用います。句読点は日本語の記号です。したがって、全角を用います。コンピュータの世界では Ａ と A は別の文字なのです（前者は全角、後者は半角）。たとえば、ある文章の中から「2006」を検索しようとしたときに、「2006」と「2006」が混在していると、検索漏れが起きてしまいます。

10）論文・小論文を書く際の守るべきこと

① 絶対にしてはいけないこと：人の見解を自分の見解であるかのように表現してはいけません。

② 提出日を厳守すること：提出の受理が拒否されたり、減点されたりすることがあります。

③ 評価に納得できない場合は担当教員の見解を質すべき：提出した論文、小論文は可能な限り、返却を要求し、コメントを得るようにします。評価が不当であると思えば、担当教員に評価の根拠を聞くべきです。

管理する

① 時間を管理する

1) 効率的な時間の管理をする

　時間を上手に使う人は、時間の管理がうまくできる人だと言われます。実際に時間を上手に管理している人は、無駄を省くと同時に作業効率を上げて作業にかかる時間を短縮しています。そこで、まず自分の時間の使い方に無駄がないかどうか、1日単位と1週間単位でチェックしてみましょう。時間のロスと考えられることがあれば、見直してみましょう。一つ一つの作業の効率を上げれば、時間的ゆとりが生じます。速読の技術を習得し、資料を短時間で収集・整理する技術を学べば、他の作業や活動に回せる時間が生まれてきます。また、二つの作業を同時に行うことで時間にゆとりが生まれます。たとえば、インターネット上のニュースなどを読みながら、腹筋運動やスクワットをすれば、ジムに行く時間を削ることができます。

2)「カイロス」を多く持てるよう時間を管理する

　ギリシア語には時を表すのに、「クロノス」と「カイロス」という二つのことばがあります。クロノスは時計で測れるような時間であり、カイロスは時計では測れない、一度限りのひと時のことで、その時を経験する人間の人生に影響を与えうるものです。クロノスに追われて、カイロスをつかみ損なってはいけません。上手な時間管理で得たゆとりの時間で絵画や音楽の鑑賞をしたり、友だちと語らったりした経験は、人生を豊かにしてくれるものです。また、何もせずにぼうっとしている時間もカイロスになりえることがあります。いいアイデアや思わぬ発見は頭を空っぽにしているときに出てくることもあるからです。

3) 共有する時間を共同管理する

　だれかと空間を共にするとき、時間は共有されます。その時間は本来、共同で管理されるべきものです。自分が課題やアルバイトで忙しいからと言って、せかせかしたり、いらいらしたりしたのでは、空間と時間を共有している他者に失礼です。共有する時間は空間を共有する人と共同で管理しなければなりません。

② 感情を管理する

感情の中でも制御・管理しなければならないのは、怒りです。怒りを制御・管理できな

いと、適切な判断ができませんし、人間関係を修復不可能なほど損なうことがあります。

　怒りの感情を管理することをアンガー・マネージメントと言い、その方法論が確立されています。

　怒りはさまざまな感情が結びついて現れます。不安、いらだち、寂しさ、辛さ、絶望を感じていたときに、想定外の出来事が怒りを引き起こします。

　想定外の出来事に遭遇してから怒りを感じるまでに2秒かかると言われています。怒りを覚えてから、衝動に駆られて怒鳴ったり、物にあたったりといった言動に出るまでにはさらに2、3秒かかります。この数秒間に怒りを鎮める行為を行います。怒りの対象から目をそらしたり、深呼吸をしたり、あるいは「怒ったら損、怒ったら損」というような怒り封じの呪文を唱えたりして、冷静になるよう努めます。

　それから、怒りを引き起こす原因について考え、自分の認識に過ちはないかどうか、不可抗力の要素はないかどうかをチェックします。その結果、自分には落ち度がなく、相手側に悪意や重大な過失がある場合には、必要に応じて善処や謝罪を求めます。

　怒りをよく感じる人は、アンガー・ログ、つまり、怒りの記録を付けるとよいでしょう。怒りを感じたのはいつだったか、相手はだれであったか、怒りの原因は何であったか、怒りを引き起こす引き金となった言動は何であったか、レベルが10段階のうちどの程度であったか等を記録するのです。そうすると自分が怒りを感じる時のパターンがわかるだけでなく、自分自身の内面や人との接し方を冷静に振り返ることができます。

③ 健康を管理する

1）睡眠の時間と質を管理する

　睡眠の時間と質をきちんと管理できないと、寝坊して授業に遅刻したり、授業に出席しても集中力が続かなくなったりしてしまいます。

① 就寝時間や起床時間を一定にする

　生活のリズムを整えると体内時計が正常に働き、決まった時間が来ると眠たくなり、自然と目が覚めるという良い循環が生まれます。休日前だからと言って夜更かしし、授業がないからと言って昼近くまで眠ってしまうと体内時計に乱れが生じます。できるだけ平日も休日も同じ時間に就寝、起床するようにしましょう。

② ブルーライトを目にしない

　睡眠の質は、睡眠中のメラトニン濃度で決まると言われています。寝る前にコンピューターや携帯の画面を見ると、光、特にブルーライトがメラトニンを分解してしまい、せっかく睡眠モードに入っている脳を覚醒させてしまい、睡眠の質も下げてしまいます。

③ 就寝前にリラックスする

　40度程度の入浴を就寝30分前にしておくと、リラックスできるだけでなく、一旦

上がった深部体温が湯冷めによって下がり、その結果眠りやすくなります。静かな音楽やアロマやカモミールティーもリラックス効果があります。

④ 睡眠環境を整える

睡眠中で網膜が光を感知するとメラトニンの分泌が止まってしまいます。質の良い眠りを得るためには、寝室を暗くしておかなければなりません。

睡眠時の室温を 26 度前後、湿度を 60% 前後にしておくと、快適に眠れると言われています。

寝返りがスムーズに行われることも大切です。そのために、固めのマットレス・敷布団と自分に合った高さの枕を選ばなければなりません。

⑤ タイミングよく起きる

睡眠中はレム睡眠とノンレム睡眠を繰り返しています。ノンレム睡眠中は脳が完全に休んでいるので、このときに起こされると寝ぼけた状態になり、すっきり起きられません。スマートフォンの睡眠アプリや、睡眠管理機能のついた腕時計を利用すれば、レム睡眠時にアラームやバイブレーションで起こしてくれます。

2) 栄養を管理する

3大栄養素である糖質・脂質・タンパク質と微量元素であるビタミン・ミネラル、どれが欠けても健康が損なわれます。

糖質は太る原因として悪者扱いされることが多いようですが、体や脳を動かすエネルギー源です。糖質が不足すると、脳に必要な栄養素が届かなくなり、筋肉や脂肪が分解されてしまいます。糖質をエネルギーに変えるにはビタミン B1 が必要ですので、B1 を多く含む豚肉やレバーを食べることも勧めます。もちろん、過剰摂取すると肥満につながることは言うまでもありませんね。

たんぱく質は筋肉や内臓、髪、爪などを構成する成分で、ホルモンや酵素、免疫細胞、遺伝子情報の DNA を作る役割ももちます。体内で合成できないアミノ酸は食物から摂取しなくてはなりません。卵、鶏肉、鮭、牛乳など良質なアミノ酸を含む食品を取りましょう。

脂質はエネルギー源として使われるだけでなく、細胞膜や臓器、神経などの構成成分となります。また、ビタミンの運搬を助けたり、体温を保ったり、肌に潤いを与えたり、正常なホルモンの働きを助けたりと多くの効能があります。さらに内臓脂肪には免疫を司る機能もあります。脂肪の減らしすぎは健康を損なうことがあります。

ビタミンは、体の機能を正常に維持するために不可欠な栄養素で、血管や粘膜、皮膚、骨などの健康を保ち、新陳代謝を促す働きをしています。

カルシウム、鉄、ナトリウムなどの 16 種類の必須ミネラルは微量ながらも体の健康維持に欠かせない栄養素です。ミネラルのおもな働きとしては、骨・歯など体の構成成分になり、からだの調子を整えることがあげられます。ミネラルは体内で合成することができないため、食事から取らなければなりません。鉄が不足すると、貧血になり、ヨウ素が不

足すると甲状腺腫などを引き起こします。また、カルシウム不足で骨粗鬆症になるなど、さまざまな症状が発生します。逆に取り過ぎた場合も過剰症を引き起こします。

● エクササイズ 1

次の表にはおもなビタミンの働きと一つの食品で摂取するときの推奨量が書かれています。空欄に当てはまるビタミン名を下から選んでください。

ビタミン名	主な働き	一つの食品で摂取する推奨量
	メラニン色素の生成の抑制 コラーゲンとカルニチンの生成	レモン 1 個
	糖質からエネルギーを作る 神経の機能を正常に保つ	豚肉約 140 グラム
	皮膚や粘膜を正常に保つ 目の機能を正常に保つ	人参約 3/4 本
	カルシウムとリンの吸収を促進 骨や歯の形成に役立つ	ちりめんじゃこ大匙 2 杯
	動脈硬化や老化を防ぐ 手足の血液の流れを活発する ホルモンの分泌を円滑にする	アーモンド 15 粒
	血液を凝固させる 骨や歯の形成に役立つ	ほうれん草約 1/3 束

ビタミン A　ビタミン B1　ビタミン C　ビタミン D　ビタミン E　ビタミン K

3）体重を管理する

　適正体重を大幅に上回っても、下回っても健康を維持することが難しくなります。まず、自分の適性体重を知りましょう。

　成人の体格指数 BMI（Body Mass Index）が、18.50 以上、24.99 以下（世界保健機構の基準準拠）が標準です。BMI の計算式は下記の通りです。

　体重（kg）÷ ｛身長（m）× 身長（m）｝ ＝ BMI 値
　たとえば、身長が 1m70cm で体重が 70kg ならば、
　70 ÷（1.7 × 1.7）＝24.2
　となり、適正体重の範囲に入ります。

自分の BMI 値を計算してみましょう。

3) 自律神経を管理する

　交感神経と副交感神経から成る自律神経は、心臓や血管、胃腸などの内臓の働きを司るだけでなく、体温、睡眠、生殖機能、免疫機能も調整します。脳の指令を受けずに独立して機能するため、自律神経と呼ばれています。そのため、自律神経の働きが悪かったり、交感神経と副交感神経のバランスが崩れたりすると、不眠や食欲不振、冷え性、抑うつ症状などの不調が生じます。

自律神経のトラブルの原因のおもなものを挙げておきましょう。

① 生活習慣の乱れ

　自律神経は、日中は交感神経が優位になり、夜になると副交感神経が優位になるというリズムがあり、生活習慣の乱れ、とくに夜更かしを続けるとそのリズムが崩れてしまいます。夜にブルーライトを浴びて、夜中まで起きていて、起きてからも太陽光を浴びることなく生活していると、睡眠の質が低下し、食欲が減退します。

② ストレス

　交感神経が優位なときは活動モードにあり、副交感神経が優位なときにはリラックスモードに入ります。ところが、常にストレスを感じていると、副交感神経が優位にならず、気持ちだけでなく、内臓も休めることができずに不眠症状が現れます。

自律神経を効果的に管理する方法をいくつか挙げておきましょう。

① 朝の水（白湯）

　睡眠中に失われた水分を補給すると同時に、水を飲むことで交感神経が活発になるので、体を活動モードに切り替えることができます。

② 太陽光

　朝の太陽光を浴びると、メラトニンが分解されて目が覚め、幸福ホルモンと呼ばれるセロトニンが分泌されて活動レベルが上がります。さらに、ストレスの低減やうつ改善にも効果があります。

③ 瞑想・ヒーリング音楽

　瞑想には眠りの質を高める効果もあります。自律神経を整えてくれますし、1日の精神面での汚れを洗い流してくれる効果があります。またヒーリング効果のある音楽もあります。自分に適した楽曲を探して聴いてみましょう。

④ バランスの取れた食事

　　自律神経を整えるためには、ビタミン類、ミネラル、食物繊維、カルシウムなどの
栄養素が含まれている食べ物をバランスよく食べることが大切です。特に、ビタミン
B12 は、自律神経を正常に機能させる重要な栄養です。納豆や味噌などの発酵食品や
サバ、イワシなどの青魚はビタミン B12 が多く含まれています。

⑤ **適度な運動**

　　一番のおすすめは、ウォーキングです。ウォーキングは全身運動なので、血流が良
くなり、筋肉の緊張が適度にほぐれます。また、歩くことで α 波や快感ホルモンの β
－エンドルフィンが分泌され、ストレス解消にもなります。

⑥ **アロマ**

　　ある種のアロマの香りはリラックス効果が高いと言われています。その際、意識的
に深くゆっくりとした呼吸を行うと副交感神経が活発になるのでより効果的です。

名言

アブラハム・リンカーン

大切なのは生きた年月ではなく、その年月にどれだけ充実した生があったかだ。

アリストテレス

自分を知ることは、すべての知恵の始まりである。

アルバート・アインシュタイン

失敗したことがない人間というのは、新しいことに挑戦したことのない人間だ。

成功者になるためではなく、価値のある者になるために努力せよ。

オプラ・ウィンフリー

人生に足りないものを見ていれば、決して満たされることがない。

オードリー・ヘップバーン

「impossible（不可能）」なことなど何もない。この言葉自体がそう言っている。「I'm possible（私にはできる）」と。

ウイリアム・シェイクスピア

お前は、他人のなかにある自分と同じ欠点をむち打とうとするのか。

ジョシュア・J・マリン

困難は人生をおもしろくし、それを乗り越えることは人生を有意義にする。

ジョージ・エリオット

なりたかった自分になるのに、遅すぎるということはない。

ヘンリー・ソロー

すべての不幸は未来への踏み台にすぎない。

ダライ・ラマ14世

望むものが手に入らないのは、すばらしい幸運の場合もある。

チャールズ・チャップリン

　行動を伴わない想像力は、何の意味も持たない。

ヘレン・ケラー

　幸せの扉が一つ閉じると、別の扉が開く。でも閉じた扉にいつまでも目を奪われ、自分のために開かれた扉に気づかないことが多い。

ヘンリー・フォード

　努力が効果をあらわすまでには時間がかかる。多くの人はそれまでに飽き、迷い、挫折する。

マザー・テレサ

　愛の反対は憎しみではなく、無関心。

マーク・トウェイン

　彼は人を好きになることが好きだった。だから、人々は彼のことを好きだった。

レオナルド・ダ・ヴィンチ

　私は実行することの重要性を痛感してきた。知っているだけでは不十分だ。知識は応用しなければならない。意欲があるだけでは不十分だ。実際にやらなければならない。

ローザ・パークス

　私が長年の間に学んだのは、決意が固まると恐怖が和らぐことだ。

勝海舟

　おこないはおれのもの、批判は他人のもの、おれの知ったことじゃない。

孔子

　すべてのものに美しさはあるが、すべての者に見えるわけではない。
　歩みを止めないかぎり、どれだけ遅く進んでもかまわない。

新渡戸稲造

いわゆる十分に力を出す者に限って、おのれに十二分の力があり、十二分の力を出した者がおのれに十五分の力あることがわかってくる。

W・クレメント・ストーン

目的が明確であることは、あらゆる偉業の出発点である。

ボブ・マーリー

自分の生きる人生を愛せ。自分の愛する人生を生きろ。

ユリウス・カエサル

人は喜んで自己の望むものを信じるものだ。

スティーブ・ジョブズ

ハングリーであれ。愚か者であれ。

エーリッヒ・フロム

愛することは与えること。自分が持っているものの中で一番大切なもの、つまり命を与えることである。他者のために自分の命を犠牲にすることではない。自分自身の中で命のあるものを与えるのである。それは喜びであり、関心であり、理解であり、知識であり、ユーモアであり、悲しみである。

カール・マルクス

自分の愛が愛を生まなかったら、その愛は無力であり、不幸である。

佐野　仁志

嵯峨美術短期大学美術学科　教授

同志社大学大学院文学研究科博士課程後期修了　文学博士

専門：日本文化論、英文学、ドイツ文学

主著：『モダンにしてアンチモダン　T.S.エリオットの肖像』（共著）、研究社、2010 年

宮武　久佳

東京理科大学理学部第一部教養学科　教授

一橋大学大学院国際企業戦略研究科修了　修士（経営法）

専門：知的財産論、メディア論

主著：『正しいコピペのすすめ　模倣、創造、著作権と私たち』、岩波書店、2017 年

芳野　明

嵯峨美術大学芸術学部造形学科　教授

東北大学大学院文学研究科博士課程前期修了　文学修士

専門：イタリア美術史、博物館学

主著：『西洋美術史への招待 』（共著）、東北大学出版会、2003 年

岩﨑　陽子

嵯峨美術短期大学美術学科　准教授

大阪大学大学院文学研究科文化表現論博士課程後期修了　文学博士

専門：フランス美学、香りのアート

主著：「香りのアート―香りのアート日仏学生交流―」、『カルチャーミックスⅡ「文化交換」の
　　　美学応用編』、晃洋書房（共著）、2018 年

アカデミック・スキルズ ハンドブック
―できる大学生になるために―

2020 年 1 月 15 日　初版
2022 年 3 月 31 日　2 刷

著　　　者 © 佐野　仁志／宮武　久佳

協　　　力 © 芳野　　明／岩﨑　陽子

発　行　者　佐々木　　元

発 行 所 株式会社 英　宝　社

☎ 101-0032 東京都千代田区岩本町 2-7-7
☎ [03]（5833）5870　Fax [03]（5833）5872

ISBN978-4-269-66058-8 C3582
組版・印刷・製本：萩原印刷株式会社
カバーデザイン：興亜産業株式会社